Ohne Engel geht es nicht

Bibliographische Information Der Deutschen Bibliothek

Die Deutsche Bibliothek verzeichnet diese Publikation in der
Deutschen Nationalbibliografie; detaillierte bibliografische Daten
sind im Internet über http://dnb.ddb.de abrufbar.

© 2012 Verlag Junge Gemeinde, Leinfelden-Echterdingen
Bildmotive für Titel und Zwischentitel: Gerd Ulmer, Hemmingen
Typografie: Dieter Kani, Stuttgart
Umschlaggestaltung: Christoph Kempkes, Kevelaer, und Dieter Kani, Stuttgart
Druck- und Bindearbeiten:
fgb freiburger graphische betriebe, Freiburg i.Br.

ISBN 978-3-7797-2082-9 (Verlag Junge Gemeinde)
ISBN 978-3-7840-3510-9 (Lahn Verlag)

Peter Hitzelberger (Hg.)

OHNE ENGEL GEHT ES NICHT

Neue Weihnachtsspiele für Kindergarten, Schule und Gemeinde

VERLAG
JUNGE GEMEINDE

INHALT

Vorwort 6

Das Kind in der Krippe 7

Kurt Rainer Klein
Der kleine Hirtenjunge Elias 8

Dr. Traugott Schächtele
Lukas schreibt es auf – ein kleines Weihnachtsspiel 14

Inken Weiand
Der Wolf im Schafspelz 20

Werner Rosin
Die Freude am Kind 28

Kathrin Lichtenberger
Tragt in die Welt nun ein Licht 32

Christoph Püngel
Weihnachten fällt aus 40

Der Stern am Himmel 47

Kurt Rainer Klein
Kommet und sehet! – Krippenspiel-Musical 48

Martin Haßler und Karl August Vedder
Wer gehört zum Stall von Bethlehem? 66

Ilse Bauch
Wo steht der Stall von Bethlehem? 70

Inken Weiand
Ein Stern zeigt uns den Weg 78

Christoph Püngel
Eine sonderbare Nacht 84

Brigitte Messerschmidt
Zeichen für die Völker 90

Ohne Engel geht es nicht 111

Kurt Rainer Klein
Weihnachtsglück 112

Michaela Deichl
Himmlische SMS 120

Jessica Scherer
Ohne Engel geht es nicht 131

Kurt Rainer Klein
Wo berührt an Weihnachten der Himmel die Erde? 144

Inken Weiand
Das Weihnachtslicht 151

Verzeichnis der Lieder 159

Alle Texte und einige neuere Lieder finden Sie auf der hinten eingehefteten CD-Extra. Die Texte dürfen Sie zu eigenen Aufführungszwecken verändern. Mit dem Kauf des Buches erwerben Sie die nichtkommerziellen Aufführungsrechte. Die kommerzielle Weiterverwertung oder die Verbreitung der Texte und Lieder im Internet sind jedoch ausdrücklich nicht gestattet.

Abkürzungen

DS	Dir sing ich mein Lied, Das Kinder- und Familiengesangbuch, Schwabenverlag, Ostfildern
EG	Evangelisches Gesangbuch
EG RT	Evangelisches Gesangbuch Regionalteile der Landeskirchen
GL	Gotteslob, Katholisches Gesangbuch
KiGoLo	Kinder-Gotteslob, Weil du da bist, Lahn Verlag, Kevelaer, Verlag Haus Altenberg, Düsseldorf
LJ	Liederbuch für die Jugend, Gütersloher Verlagshaus, Gütersloh

Vorwort

Schon die Evangelisten erzählen uns die Weihnachtsgeschichte auf unterschiedliche Weise. Bei Lukas ziehen Maria und Josef nach Bethlehem, denn er möchte Jesus vor allem als den erwarteten Messias aus dem Geschlecht Davids vorstellen. Mit der Volkszählung des Augustus ordnet er die Geburt Jesu in die große Weltgeschichte ein.

Matthäus stellt an den Anfang dagegen die Erzählung von den Weisen, die dem Stern folgen. Jesus ist für ihn von Anfang an der, der als Zeichen für die Völker gekommen ist. Jesu Sendung ist für ihn so universal wie die Mission der jungen christlichen Gemeinden.

In unserer Krippenspieltradition haben sich beide Erzählungen vermischt und viele neue Varianten sind dazugekommen. So wurde die Herbergssuche breit entfaltet, der Ruf der Wirte von Bethlehem ruiniert und die Armut der Hirten besonders herausgestellt. Die Weisen wurden zu prächtig gekleideten Königen umgestaltet und Ochs und Esel zu den ersten Glaubenszeugen erklärt. Neue Figuren kamen als Identifikationsfiguren hinzu. Ob Maus oder Wolf, Schaf oder Floh, alle werden an der Krippe froh.

Dabei geht es nicht nur darum, die Weihnachtsbotschaft für Kinder verständlich zu machen oder ein idyllisches Bild von Weihnachten zu malen, sondern dahinter steht auch ein altes Messiasbild. In der Zeit des Messias werden nicht nur wir Menschen heil und ganz, sondern die ganze Schöpfung wird erlöst. Alle Gegensätze lösen sich auf, Feindschaften werden überwunden – auch zwischen Mensch und Tier (Umwelt) und zwischen den Tieren. Auch solche Motive der alttestamentlichen Tradition greifen die nachfolgenden Krippen- und Weihnachtsspiele auf, wenn z.B. der Wolf im Schafspelz erscheint.

Auch heutige Fragen, z.B. wie man Weihnachten richtig feiern und gestalten kann, kommen zur Sprache. Die Feier der Weihnachtsgeschichte soll uns ja nicht nur ein bisschen festliche Abwechslung bescheren, sondern uns helfen, unser Leben immer wieder danach auszurichten, was uns Gott mit der Geburt Jesu geschenkt hat: die Versöhnung und den Frieden mit ihm, das Heil- und Ganzwerden, die Befreiung und Erlösung. Wer zur Krippe kommt, darf als veränderter Mensch weggehen und durch sein Leben verkünden: Ich habe das Heil gesehen. Gott ist für uns Menschen da, für dich und mich.

Zusammen mit den Autorinnen und Autoren, die uns ihre Stücke zur Verfügung gestellt haben, wünsche ich Ihnen, dass Sie viel Freude bei Ihren Proben und Aufführungen mit den Kindern und Erwachsenen erleben – im Kindergarten, in der Gemeinde oder in der Schule – wo auch immer Sie die Stücke aufführen wollen.

Peter Hitzelberger

Das Kind in der Krippe

Der kleine Hirtenjunge Elias

Ein einfaches Stück für Kindergartenkinder mit Erzähler/in und wenig Sprechtext für die Kinder

Kurt Rainer Klein

Vorbemerkungen

Zum Text
Elias war mit den anderen Hirten in der heiligen Nacht im Stall zu Bethlehem. Er hat Maria, Josef und das Kind in der Krippe gesehen. Dann sind die Hirten zurückgegangen und haben sich schlafen gelegt. Einige Tage später erschien dem Elias in der späten Nacht ein Engel und forderte ihn auf, noch einmal in den Stall nach Bethlehem zu gehen. Ihm wird vom Engel verheißen, Dinge zu finden, die ihn staunen lassen.

Zur Aufführung
Ochse und Esel, ja selbst Engel und Elias können auch von einem/einer extra Erzähler/in gesprochen werden, dann mit jeweiliger Einleitung, z.B. »Elias sagte:«.

Personen

Erzähler/in
Engel
Hirtenjunge Elias
Ochse
Esel
schlafende Hirten

Requisiten

Krippe
Strohhalm
Laterne
Goldtaler
Kostüme für Ochs und Esel
Engelkostüm und Hirtenbekleidung

Spielorte

Hirtenfeld vor Bethlehem   Stall zu Bethlehem

Erzähler/in: Der kleine Hirtenjunge Elias schlief. Vor Tagen war er in der heiligen Nacht mit den erwachsenen Hirten im Stall zu Bethlehem gewesen. Er hatte Maria und Josef und das Kind in der Krippe gesehen und war ganz ergriffen. Nun erschien ihm in dieser Nacht im Traum ein Engel und rief:

Engel: Elias.

Erzähler/in: Elias schlief fest. Noch einmal rief der Engel:

Engel: Elias.

Elias: Was ist? Was willst du?

Der kleine Hirtenjunge Elias

Erzähler/in: Der Engel hatte eine Botschaft für Elias.

Engel: Elias, mache dich auf und gehe noch einmal in den Stall nach Bethlehem. Schau, was du dort alles finden kannst. Du wirst staunen und fröhlich werden.

Elias, komm mit!

2. Elias erwacht und wundert sich sehr.
Was soll er im Stall? Da ist keiner mehr. *Refrain*

3. Doch Esel und Ochs, die sind ja noch da
und warten auf ihn, wo das Kind einst war. *Refrain*

4. Darum geht er mit, der Engel geht vor
zur Krippe im Stall, da jubelt der Chor. *Refrain*

Der kleine Hirtenjunge Elias

Erzähler/in: Elias erwachte und wischte sich den Schlaf aus den Augen.
(Elias streckt sich und wischt sich die Augen.)
Es war noch ganz dunkel. Die anderen Hirten schliefen noch und bemerkten nichts davon, als sich Elias auf den Weg machte. Der Engel begleitete und beschützte Elias auf dem Weg zu dem Stall.

(Elias geht eine Weile. Der Engel geht mit ihm. Vor dem Stall macht Elias Halt.)
Elias: Hier ist der Stall zu Bethlehem! *(Elias tritt ein.)*

Erzähler/in: Elias schaute sich im Stall um. Er wurde ein bisschen traurig: Maria und Josef waren nicht mehr da. Das Kind lag nicht mehr in der Futterkrippe. Nur der Ochs und der Esel standen noch im Stall und die Laterne brannte und leuchtete hell.

Ochse: Guten Tag, Elias.

Esel: Guten Tag, Elias.

Elias: Hallo, ihr beiden.

Im Stall zu Bethlehem Text und Musik: © Kurt Rainer Klein

Der kleine Hirtenjunge Elias **11**

2. Die Laterne leuchtet hell in dem Stall zu Bethlehem.
Ochs und Esel schmunzeln fein, als Elias tritt herein.
Refrain

3. Dieser Junge blickt erstaunt, denn die Krippe, die ist leer.
Warum hat der Engel wohl ihn nach Bethlehem geholt!
Refrain

Erzähler/in:	Elias begrüßte die beiden *(Er verneigt sich vor ihnen.)* und war froh, dass sie ihn wiedererkannten. Dann ging Elias im Stall umher und schaute sich alles ganz genau an. *(Elias tut dies.)* An der Krippe blieb Elias stehen. Er schaute hinein, wo gestern noch das Jesuskind gelegen hatte. Er zog einen langen Strohhalm heraus und betrachtete ihn genau.
Ochse:	Der Strohhalm steht für Glauben. *(Denn daran können wir uns festhalten!)*
Esel:	Der Glaube macht uns heiter und gelassen.
Erzähler/in:	Elias steckte den Strohhalm in seinen Beutel. Er sah sich weiter um im Stall. Da fiel sein Blick auf die Decke über der Krippe. Elias sah die leuchtende Laterne, die die Hirten in der Nacht vergessen und zurückgelassen hatten. Er nahm die Laterne in die Hand, hielt sie hoch und schaute ins Licht der Laterne.
Ochse:	Die Laterne steht für Liebe. *(Wie dieses Licht erleuchtet sie uns!)*
Esel:	Die Liebe macht uns glücklich.
Erzähler/in:	Elias hing die Laterne wieder an die Decke. Er schaute auf den Boden vor der Krippe und staunte nicht schlecht. Was war das, was da im Schein der Laterne auf einmal funkelte? Neugierig bückte sich Elias und streckte seine Hand nach dem unbekannten Etwas aus. Er hob es auf und siehe da: Es war ein Goldtaler. Die Weisen aus dem Morgenland hatten ihn mitgebracht.
Ochse:	Der Goldtaler steht für Hoffnung. *(Sie schenkt uns Zuversicht!)*
Esel:	Die Hoffnung macht uns froh.

Der kleine Hirtenjunge Elias

Erzähler/in: Elias steckte den Goldtaler in seinen Beutel. Er war ganz glücklich über das, was er gefunden hatte: den Strohhalm, die Laterne, den Goldtaler.
An einem Strohhalm kann man sich festhalten. So glauben wir an Gott, dass er uns beisteht. – Wer eine Laterne hat, kann anderen leuchten. So lieben wir unsere Mitmenschen und helfen ihnen gerne. – Mit einem Goldtaler gibt es eine Zukunft. So hoffen wir, dass wir froh und glücklich leben werden.

Hört und seht!

Text und Musik: © Kurt Rainer Klein

2. Der Glaube schenkt uns Freude,
die Liebe frischt das Leben auf.
Wer Hoffnung hat, kann kämpfen,
und Frieden wächst in deinem Herz.
Refrain

Der kleine Hirtenjunge Elias 13

3. E-/lia/as/geht/nach/Hau/se
mit Strohhalm, Goldtaler und Licht.
im/Herzen ist er glücklich,
singt Halleluja seinem Gott.
Refrain

Elias:	Im Stall zu Bethlehem habe ich Glaube *(zeigt den Strohhalm)*, Liebe *(zeigt die Laterne)* und Hoffnung *(zeigt den Goldtaler)* gefunden. Ich bin sooo froh und glücklich!
Engel:	Komm, Elias, wir müssen wieder gehen. Wir wollen zurücksein, bevor die anderen aufwachen. Ich begleite und beschütze dich auf deinem Weg.
Erzähler/in:	Elias schaute sich noch einmal im Stall um. Glaube, Liebe, Hoffnung hatte er gefunden. In einem glänzenden Strohhalm den Glauben, in einer leuchtenden Laterne die Liebe, in einem funkelnden Goldtaler die Hoffnung. Das wollte er jetzt allen Menschen erzählen.
Ochse:	Alles Gute, Elias!
Esel:	Viel Glück, Elias!
Elias:	Danke, Ochse und Esel. Macht's gut, ihr beiden!
Erzähler/in:	*(Elias geht zurück, der Engel mit ihm.)* Elias kam bald wieder bei den anderen Hirten an. Sie schliefen alle noch, obwohl es schon langsam hell wurde. Am Abend zuvor saßen sie bis spät in der Nacht zusammen, erzählten von ihrem Besuch im Stall zu Bethlehem und konnten vor Freude lange nicht einschlafen. So hatten sie nicht bemerkt, dass Elias noch einmal im leeren Stall zu Bethlehem war. Elias legte sich wieder zu ihnen. Und weil er müde war von seinen Entdeckungen, schlief er auch wieder ein und träumte weiter – von dem Glauben, der Liebe und der Hoffnung auf Erden. Elias hob noch einmal seinen Kopf und sagte:
Elias:	Glaube, Liebe, Hoffnung – der Himmel auf Erden!

Lukas schreibt es auf

Ein gereimtes Spiel zu einem Weihnachtslied von Kurt Rommel

Dr. Traugott Schächtele

Vorbemerkungen

Zum Text
Absicht dieses kurzen Stückes ist es, die Entstehung der bekannten Weihnachtsgeschichte aus dem Lukasevangelium aus der Sicht des Evangelisten zu erzählen. Während er sein Evangelium niederschreibt, befragt er verschiedene »Zeitzeugen« (römischer Präfekt, Leiter des Sozialamts, Himmel- und Sternkundiger, Bürgermeister) zu den Ereignissen.

Zur Aufführung
Man braucht nur einen Hauptdarsteller mit einer etwas größeren Rolle (Lukas). Die anderen Rollen können auch pantomimisch dargestellt werden, wenn jeweils ein Sprecher den Text liest. Die Kinder und die Gemeinde sind durch das Singen des Liedes »Die Weihnachtsgeschichte« einbezogen.

Personen

Lukas, der Evangelist
Maria und Josef
ein römischer Präfekt
ein Bote
Theophilus, der »Sponsor«

Leiter des Sozialamts
Sternkundiger
Bürgermeister von Bethlehem
ein Wirt
vielleicht auch Hirten und Engel

Requisiten

Einfache, passende Kleidung für die einzelnen Personen
Schreibtisch, Stuhl und Schreibgerät für Lukas
Lesepult für den Boten

Spielorte

Schreibstube des Lukas
Leseplatz des Boten

Stall von Bethlehem
Hirtenfelder von Bethlehem

Die »Zeitzeugen« treten nur kurz auf. Man braucht für sie nicht eigene Spielorte mit Kulissen und Requisiten aufzubauen. Eine entsprechende Kleidung genügt.

Lukas: *(Er sitzt nachdenklich an seinem Schreibtisch.)*
Ich bin Lukas, der Evangelist.
Ich schreibe auf, was geschehen ist.
Theophilus, der reiche Mann,
bot mir dafür Entlohnung an.
Ein Menschenalter ist vergangen,
seit alles einst hat angefangen.
Noch weiß ein jeder, wer sie sind:

Lukas schreibt es auf　　　　　　　　　　　　　　　　　　　　　　　　　**15**

        Maria, Josef und das Kind.
        Doch wer weiß noch in 50 Jahren,
        wer diese drei denn wirklich waren?
        Ich schreib' jetzt auf mit eigner Hand,
        was mir durch Zeugen ward bekannt.
        Schon gleich fang' ich zu schreiben an,
        wie alles seinen Anfang nahm.

1. Station: Beim römischen Präfekten (Lk 2,1–3)

Lukas: Was sich Augustus ausgeheckt,
               das weiß der römische Präfekt.
               Ihn frage ich vor allen andern:
               »Was brachte diese zwei zum Wandern?«

Präfekt: *(Er zeigt auf Maria und Josef, die nun aufgetreten sind.)*
               Es ist nicht ohne Grund geschehn,
               dass diese beiden wandern gehn.
               Das Steuersäckel war zu leer.
               Drum mussten neue Listen her.
               Ob Haus und Hof, Frau, Mann und Kind:
               Hier hielt ich alles fest geschwind.
               Die Steuern steigen, das ist klar,
               weil alles sonst vergeblich war.

Kinder: *(singen – Noten S. 19)*
               Augustus, Cyrenius, die römischen Herren,
               sie schicken die Menschen von Lande zu Land.
               (Währenddessen macht sich Lukas Notizen und schickt einen Boten zum Lesepult. Der liest aus Lukas 2 die Verse 1-3.)

Theophilus: *(singt – Noten S. 19)*
               Was meint damit Lukas, der uns dies berichtet?
               Was meint damit Lukas, der uns dies erzählt?

Gemeinde: *(singt – Noten S. 19)*
               Geboren ist Christus, geboren ist der Herr
               als Mensch unter Menschen, und Gott liebt uns sehr.
               Wir sind nicht mehr traurig und sind nicht mehr allein.
               Denn Jesus ist gekommen, er zieht jetzt bei uns ein!

2. Station: Beim judäischen Sozialamt (Lk 2,4–7)

Lukas: Bei Armut, Not und manchem Leid
weiß das Sozialamt gut Bescheid.
Wie ist das damals denn gewesen?
Was kannst du in den Akten lesen?

Leiter des
Sozialamtes: Hier steht's, ja, das hier muss es sein:
In fremder Landschaft – ganz allein!
Kein Geld, kein Ausweis – und ein Kind.
Bald stand der Wirt bei mir geschwind.
Für eine Nacht im kalten Stall
füllt er sein' Beutel bei mir prall.
Der hat gut abgesahnt dabei.
Was soll's? Mir ist das einerlei!

Kinder: *(singen, während Maria und Josef den Stall erreichen – 2. Strophe, s. S. 18)*
Maria und Josef beziehen in Armut
Quartier, und das Kind liegt im Kripplein auf Stroh.
(Der Bote geht wieder zum Pult und liest Lukas 2,4-7.)

Theophilus: *(singt – Noten S. 19)*
Was meint damit Lukas, der uns dies berichtet?
Was meint damit Lukas, der uns dies erzählt?

Gemeinde: *(singt – Noten S. 19)*
Geboren ist Christus, geboren ist der Herr ...

3. Station: Bei einem Himmel- und Sternkundigen (Lk 2,8–14)

Lukas: Der Himmel selbst war aus den Fugen.
Ich frag den Sterndeuter, den Klugen,
was damals sich hat zugetragen.
Ich denke, der hat was zu sagen.

Sternkundiger: *(Dabei kann die Szene mit den Hirten und Engeln auf den Feldern dargestellt werden.)*
Voll Staunen über das Geschehn
sah ich die Hirten vor mir stehn.
Von Engelchören, weißem Licht
erzählten sie; ich glaub' es nicht.

Lukas schreibt es auf

> Ein Königssohn in Kripp' und Windel.
> Das war doch alles nur ein Schwindel.
> Selbst Könige fielen darauf rein.
> Sie folgten eines Sternes Schein,
> der sie in unsre Landschaft führt.
> Mich hat das damals kaum berührt.
> Vielleicht war doch was Wahres dran.
> Manchmal gibt's Wunder, guter Mann.

Kinder: *(singen – 3. und 4. Strophe, s. S. 18)*
Die Hirten erfahren auf Bethlehems Fluren,
dass dort in dem Ort sich hab' etwas getan.
Die Engel verkünden den Hirten den Menschen:
Hört her: Der Herr Jesus, der Retter ist da!
(Der Bote läuft wieder zum Pult und liest Lukas 2, 8-20.)

Theophilus: *(singt – Noten S. 19)*
Was meint damit Lukas, der uns dies berichtet?
Was meint damit Lukas, der uns dies erzählt?

Gemeinde: *(singt– Noten S. 19)*
Geboren ist Christus, geboren ist der Herr ...

4. Station: Im Rathaus von Bethlehem (Micha 5,1)

Lukas: Im Rathaus, mitten in der Stadt,
wohnt der, der was zu sagen hat.
Den Bürgermeister will ich fragen,
was denn geschah in jenen Tagen.

Bürgermeister: Was soll ich ihnen groß berichten
von diesen merkwürdigen Geschichten?
Seit David König ward im Land,
ist unser Ort sehr wohl bekannt.
Doch was geschehn in jener Nacht,
hat mich doch aus der Ruh' gebracht.
Ein Stall als Mittelpunkt der Welt?
Ich hoff', es füllt die Kass' mit Geld
und lockt viel Gold zu uns herein.
Dann will ich ganz zufrieden sein.
Was lang schon die Propheten sagen,
wird Wirklichkeit in unsren Tagen.

| Kinder: | *(singen 5. Strophe, s. unten)*
Und Bethlehem, dieses erbärmliche Dörflein,
wird Heimat für Jesus, den Herrn der Welt.
(Lektor liest Micha 5,1.) |
|---|---|
| Lukas: | *(Er sitzt wieder wie am Anfang an seinem Schreibtisch.)*
Alles ist zu Papier gebracht,
was damals Aufruhr hat gemacht.
Für euch hab' ich es aufgeschrieben.
Vergesst es nicht, ihr meine Lieben:
Gott wurde Mensch in diesem Kind.
Wenn das nicht gute Worte sind.
Alt sind sie. Und doch neu auch wieder.
Wie alle eure Weihnachtslieder.
Was damals mich schon bracht' zum Singen
soll jetzt ein letztes Mal erklingen: |
| Gemeinde: | *(singt – Noten s. rechte Seite)*
Geboren ist Christus, geboren ist der Herr ... |

Strophen zum Lied – s. rechte Seite:

2. Maria und Josef beziehen in Armut
Quartier, und das Kind liegt im Kripplein auf Stroh.

3. Die Hirten erfahren auf Bethlehems Fluren,
dass dort in dem Ort sich hab' etwas getan.

4. Die Engel verkünden den Hirten den Menschen:
Hört her: Der Herr Jesus, der Retter ist da!

5. Und Bethlehem, dieses erbärmliche Dörflein,
wird Heimat für Jesus, den Herrn der Welt.

Lukas schreibt es auf

Augustus, Cyrenius, die römischen Herren

Ansinger:
1. Au - gu - stus, Cy - re - nius, die rö - mi - schen Her - ren,
sie schi - cken die Men - schen von Land - de zu Land.

Einer:
Was meint da - mit Lu - kas, der uns dies be - rich - tet?
Was meint da - mit Lu - kas, der uns dies er - zählt?

Alle:
Ge - bo - ren ist Chri - stus, ge - bo - ren ist der Herr
als Mensch un - ter Men - schen, und Gott liebt uns sehr.
Wir sind nicht mehr trau - rig und sind nicht mehr al - lein.
Denn Je - sus ist ge - kom - men, er zieht jetzt bei uns ein!

Melodie und Text: Kurt Rommel, aus: 111 Kinderlieder zur Bibel, © Verlag Ernst Kaufmann, Lahr

Der Wolf im Schafspelz

Inken Weiand

Vorbemerkungen

Zum Text
Ein Wolf im Schafspelz bedeutet eigentlich höchste Gefahr für die Hirten und Schafe. Doch nicht in dieser Nacht, in der Engel auf den Feldern von Bethlehem erscheinen, ein Kind als Retter der Welt geboren wird und ein Wolf nicht zum Fressen kommt.
Die Vorstellung des Tierfriedens ist ein messianisches Bild, das uns beim Propheten Jesaja begegnet (11,5-8). Auch die Legende vom Wolf von Gubbio, dem Franz v. Asissi unerschrocken entgegentritt und mit dem er einen fairen Kompromiss zwischen dem Schutzbedürfnis der Einwohner von Gubbio und dem Lebensrecht des Tieres aushandelt, zeugt von dem neuen Handeln im Geiste Jesu: »Liebet eure Feinde; tut wohl denen, die euch hassen ...« (Lk 6,27).
Diese Gedanken stehen im Hintergrund dieses Weihnachtsspiels. In seiner Menschwerdung hat Gott gezeigt, dass er nicht auf Macht und Stärke setzt. Friede ist möglich, wenn man sich gegenseitig in seinem Wert und seiner Würde anerkennt und gerade das Kleine und Schwache schützt. Die Wandlung des Wolfs im Schafspelz zeigt dies auf.

Zur Aufführung
Der Erzähler kann seinen Text ablesen. Besondere Aufmerksamkeit brauchen bei diesem Spiel die Kostüme für den Wolf und die Schafe. Sie müssen in ihrem Auftreten als Tiere erkennbar sein, auch wenn man sie nicht auf allen Vieren spielen kann.

Personen

Erzähler	zwei Hirten (eventuell weitere ohne Sprechertext)
eine Anzahl Schafe	ein Engel
der Wolf	Maria und Josef

Requisiten

Abfälle: große leere Tüte, Konservendose
Einige Anziehsachen, darunter ein Schaffell
Handspiegel
Stuhl o.ä. als Versteck für den Wolf in der Nähe des Hirtenfeldes

Spielorte

Beim Wolf	Hirtenfeld	An der Krippe

1. Szene: Ein hungriger Wolf

(Der Wolf steht seitlich alleine auf der Bühne, die oben aufgeführten Gegenstände liegen um ihn herum.)

Erzähler: Vor vielen, vielen Jahren lebte in einer Berggegend ein einsamer, alter Wolf. Es ging ihm nicht gut, nein. Da die Hirten in

Der Wolf im Schafspelz

dieser Gegend so gut auf ihre Schafe aufpassten, musste er sich kläglich von Feldmäusen und Kaninchen ernähren, sowie von dem, was die Menschen als Abfälle liegen ließen.

Wolf: *(Er schaut in die leere Tüte: Nichts. Er schüttelt den Kopf und wirft sie weg. – Er schaut in die Konservendose: Nichts. Er jammert:)*
Ich habe Hunger! *(Er lässt die Konservendose fallen.)*
So geht das nicht weiter. Ich habe Hunger, Hunger, Hunger. Ich habe so einen Hunger. Und jetzt ist auch noch Winter. Nichts findet man. Nichts. Noch nicht einmal ein paar Jungtiere sind da. Und ich habe so einen Hunger auf ... *(überlegt)* Schafsbraten!
(Der Wolf geht nachdenklich im Kreis herum.)

Erzähler: Da hat der Wolf eine Idee!

Wolf: Ich muss doch noch irgendwo ...
Moment mal... *(Er wühlt in den Anziehsachen herum.)*
Ja, hier! *(Er kramt ein Schaffell hervor und hängt es sich um. Er greift nach dem Spiegel und besieht sich von allen Seiten.)*
Hervorragend. Ganz hervorragend. Genau das, was ich brauche. *(Er dreht sich vor dem Spiegel.)*
So werden sie mich nicht erkennen. *(Springt auf.)* Hurra! Jetzt gibt es endlich wieder Schafsbraten!

● *Liedvers der Gemeinde*

2. Szene: Die Hirten mit ihren Schafen

Erzähler: In dieser Nacht halten die Hirten wie üblich Wache bei ihrer Schafherde.
(Die Hirten stehen da und sehen sich um. Ein Schaf blökt unruhig.)

1. Hirte: Schon gut!

2. Hirte: Wir passen ja auf.

Erzähler: Die Hirten wissen nicht, dass sich gerade der Wolf anschleicht.
(Der Wolf schleicht mit dem Schafspelz bekleidet von der Seite herbei.)

Wolf: Da sind sie. Jetzt muss ich nur noch an sie herankommen!

1. Hirte: Da ist doch was!

2. Hirte:	Wieso?
1. Hirte:	Ich hab was gehört! *(Der Wolf versteckt sich, zum Beispiel hinter einem Stuhl. Die Hirten sehen sich suchend um.)*
2. Hirte:	War wohl doch nichts. *(Der Wolf schleicht sich näher heran, bis er mitten unter den Schafen steht.)*
Erzähler:	Nun aber hat der Wolf ein neues Problem: Er kann ja nicht vor den Augen der Hirten anfangen, die Schafe zu fressen.
Wolf:	Mist. Daran habe ich nicht gedacht. Am besten warte ich, bis die Hirten schlafen. Solange werde ich mich unauffällig verhalten müssen.
1. Hirte:	Was ist mit dem Schaf dahinten los? *(Er zeigt auf den Wolf.)*
2. Hirte:	Wieso?
1. Hirte:	Es frisst nicht.
Wolf:	Mist. Jetzt muss ich auch noch Gras fressen. *(Er pflückt pantomimisch etwas Gras, steckt es in den Mund und schüttelt sich.)* Brrr!

● *Liedvers der Gemeinde*

Erzähler:	Der Wolf wartet also darauf, dass die Hirten endlich einschlafen. Weil er endlich zulangen will. Währenddessen macht er die Bekanntschaft einiger Schafe.
1. Schaf:	Hallo, du.
Wolf:	Hallo!
1. Schaf:	Du hast aber eine komische Stimme. Für ein Schaf, meine ich.
Wolf:	Oh, Entschuldigung. Ich bin heute etwas heiser. *(Er hustet und spricht mit hoher Stimme.)* Hallo, du.
1. Schaf:	Das tut mir ja leid, dass du erkältet bist. Soll ich dir zeigen, wo Thymian wächst? Der tut gut.

Der Wolf im Schafspelz

Wolf:	Ach nein, äh, mir ist gerade nicht so nach Thymian.
2. Schaf:	Doch, Thymian ist wirklich gut gegen Erkältung.
Wolf:	Ach, mir ist nicht so vom Magen her …
1. Schaf:	Du Armer! Du tust mir wirklich leid! Sollen wir dem Hirten Bescheid geben?
Wolf:	*(für sich)* Das fehlte noch! *(zu den Schafen)* Das ist wirklich lieb von euch. Aber mir geht es schon viel besser. Ich glaube, ich werde eine Runde schlafen, dann bin ich bald wieder fit.
1. Schaf:	Ja, tu das. *(Der Wolf legt sich hin und gibt vor zu schlafen.)*

● *Liedvers der Gemeinde*

Erzähler:	Der Wolf wartet immer noch darauf, dass die Hirten endlich einschlafen.
Wolf:	Sind die Kerle immer noch wach!

(Die Hirten setzen sich.)

Erzähler:	Doch langsam werden die Hirten müde.
Wolf:	*(gierig)* So. Gleich ist es so weit. Meine Chance. Endlich Schaffleisch. Endlich satt werden. *(Er steht auf und schleicht leise auf ein Schaf zu.)*
Erzähler:	Da geschieht etwas. Es wird plötzlich ganz hell. Und eine lichte Gestalt steht mitten unter der Herde. *(Ein Engel tritt auf.)*
Wolf:	*(ärgerlich)* So ein Mist!

(Die Hirten schrecken auf.)

1. Hirte:	Was ist das?
2. Hirte:	Ein Engel. Hilfe, ein Engel!
Engel:	Habt keine Angst.
Wolf:	*(für sich)* Nee, ich habe keine Angst. Ich bin sauer.

	Immer und immer kommt mir etwas dazwischen, wenn ich endlich zu Abend essen will.
Engel:	Euch ist heute der Retter geboren!
Wolf:	Bringt der mir einen leckeren Schafbraten?
Engel:	Geht und sucht ihn. Er liegt im Stall und schläft als kleines Baby in der Futterkrippe!
Wolf:	Das wird was Rechtes sein!
2. Hirte:	In unserem Stall?
1. Hirte:	Los, lasst uns hingehen!
2. Hirte:	Ja, los!

(Die Hirten bereiten sich vor, zu gehen. Sie ziehen ihre Jacken über, setzen die Hüte auf ...)

Wolf:	Boah, cool! Die hauen tatsächlich ab! Dann kann ich hier ein Festmahl halten!
1. Schaf:	Die hauen ab und wollen ohne uns den Retter sehen.
3. Schaf:	Da wollen wir aber auch hin!
2. Schaf:	Los, wir gehen hinterher!
Alle Schafe:	Los, wir gehen hinterher!
Wolf:	*(schlägt sich an die Stirn)* Das darf doch nicht wahr sein!

● *Liedvers der Gemeinde*
(Währenddessen gehen die Hirten los und die Schafe laufen hinter den Hirten her, der Wolf folgt den Schafen.)

3. Szene: An der Krippe
(Vor dem Altar: Maria und Josef an der Krippe. Die Hirten kommen näher.)

Erzähler:	Vorsichtig nähern sich die Hirten dem Stall mit der Krippe. Die Schafe laufen blökend hinter ihnen her. Und mitten zwischen den Schafen geht der hungrige Wolf.

Der Wolf im Schafspelz

1. Hirte:	Dürfen wir eintreten?
2. Hirte:	Wir suchen den Retter der Welt.
Maria:	Ja, kommt herein.
Josef:	*(weist auf die Krippe)* Hier liegt er, der Retter. *(Die Hirten stellen sich neben der Krippe auf.)*
1. Schaf:	Dürfen wir hereinkommen?
2. Schaf:	Wir wollen nämlich auch den Retter der Welt sehen.
3. Schaf:	Bestimmt ist er ein Schaf. Ein hübsches, wolliges.
Wolf:	*(schüttelt den Kopf)* So ein Quark! Natürlich ist der Retter stark und mächtig – wie ein Wolf eben!

● *Liedvers der Gemeinde*

(Die Hirten knien vor der Krippe nieder, setzen sich dann neben Josef und Maria, so dass Platz vor der Krippe entsteht.)

Erzähler:	Die Hirten sind müde. Sie ruhen sich eine Weile an der Krippe aus, bevor sie sich auf den weiten Heimweg machen. Diese Gelegenheit nutzen die Schafe, um zur Krippe zu kommen. Und mit ihnen der Wolf. *(Die Schafe drängen vor zur Krippe. Der Wolf hinterher.)*
1. Schaf:	Oh, guckt mal, ein Baby!
2. Schaf:	Wie süß!
3. Schaf:	*(Es schiebt sich zwischen den beiden durch.)* Ich will auch gucken!
Alle Schafe:	Wir wollen alle gucken!
Wolf:	Pf! Ein Baby! Was ist schon an einem Baby Besonderes? Ich dachte, wir suchen einen starken Retter? *(Der Wolf dreht sich weg. – Die Schafe schauen das Baby an.)*
1. Schaf:	Es ist klein und schwach, genau wie wir.

2. Schaf: Es liegt in einem Stall, genau wie wir.

3. Schaf: Es gehört zu uns.
(Sie hocken sich seitlich hin, so dass vor der Krippe wieder Platz entsteht.)

● *Liedvers der Gemeinde*

Erzähler: Nun, da keiner ihn mehr beobachtet, kommt der Wolf doch neugierig näher.
(Der Wolf kommt langsam und vorsichtig an die Krippe heran.)

Maria: *(sehr freundlich)* Du darfst ruhig gucken!

Wolf: Mist. Entdeckt. *(Er kommt zur Krippe.)* Ist ja tatsächlich nur ein mickriges Kind. Und das soll der große Retter sein?

Josef: Dieses Kind ist tatsächlich der Retter der Welt. Er hat sich so klein gemacht, damit er in diese Welt hineinpasst.

Wolf: Wie ein Wolf im Schafspelz sozusagen?

Josef: Eher wie ein Hirte im Schafspelz. Wenn der Mächtige sich klein macht, um den Schwachen zu helfen, dann zeigt das erst seine Größe.

Wolf: Komisch. So habe ich das noch nie gedacht.

Maria: *(Sie nimmt das Baby aus der Krippe.)* Dann komm mal her, Wolf! Du wolltest doch das Baby sehen. Den kleinen Retter.

Wolf: Du weißt, dass ich in echt ein Wolf bin?

Maria: Ja, klar.

Wolf: *(Er beschnuppert das Baby.)*
Und du hast keine Angst, dass ich dem Baby etwas antue?

Maria: Nein.

Josef: Wer wirklich stark ist, tut dem Schwachen nichts an. Der setzt sich für ihn ein.

Wolf: Meinst du? *(Er sieht sich um, sieht auf die Schafe.)*

Der Wolf im Schafspelz

	Eigentlich waren sie nett zu mir. *(seufzt)* Aber ich habe Hunger.
Maria:	Vielleicht geben die Hirten dir zu Fressen, wenn du die Schafe beschützt?
Wolf:	Das ist eine gute Idee. Das werde ich probieren. *(Die Hirten wachen auf.)*
1. Hirte:	Wir müssen nun gehen.
2. Hirte:	Danke, dass wir uns hier ausruhen durften!
Josef:	Entschuldigung. Hier will euch noch jemand etwas fragen. *(Er zeigt auf den Wolf.)*
1. Hirte:	*(misstrauisch)* Wer bist du denn?
Wolf:	Also, ich bin ein Wolf ...
Alle Hirten:	*(gleichzeitig)* Ein Wolf?
Schafe:	Ein Wolf?
Wolf:	Äh, also, ich bin ein Wolfshund, und ich wollte euch anbieten, auf eure Schafe aufzupassen und sie zu beschützen.
1. Hirte:	Das ist eigentlich eine gute Idee.
2. Hirte:	Hier laufen nämlich immer wieder einmal Wölfe herum.
Wolf:	Bekomme ich dann auch zu Fressen von euch?
2. Hirte:	Ja, klar. Wer arbeitet, muss auch essen. Hier hast du schon einmal ein Butterbrot.
Wolf:	*(Er nimmt das Brot, schmatzt.)* Das lasse ich mir gefallen. Vielleicht ist es doch besser, friedlich zu sein und die Schwachen zu beschützen.
Maria:	Sicher. Dieses Kind ist der Retter. Es bringt Heil und Frieden in die Welt. Und wir sollen diesen Frieden weitertragen.

● *Liedvers der Gemeinde*

Die Freude am Kind

Werner Rosin

Vorbemerkungen

Zum Text

Maria ist getragen von der Gewissheit, dass Gott trotz aller Widrigkeiten einen guten Plan mit ihr und dem Kind hat. Sie vertraut auf die Zusage des Engels und lebt von der Vorfreude auf ihr Kind.
Nur mit den Augen des Glaubens kann im Stall von Bethlehem mehr gesehen werden als ein Kind armer Leute, das in einer Futterkrippe liegt. Dieser scheinbar unbedeutende Anfang verändert die Welt bis heute, wo die Freude an diesem Kind zum Glauben und zur Liebe führt.

Zur Aufführung

Ein kurzes Stück, das mit einer geringen Anzahl von Spieler/innen und wenigen Requisiten überall aufgeführt werden kann.

Personen

Maria	mehrere Engel	2. Hirte
Josef	Wirt	3. Hirte
Engel	1. Hirte	

Requisiten

Wassereimer	Bibel	Decken
Stein zum Sitzen	Tür der Herberge	eventuell Feuerstelle
Stuhl	Stall mit Krippe	entsprechende Kleidung

Spielorte

Maria beim Wasserholen	Herbergssuche	vor der Krippe
Maria zu Hause	Hirtenfeld	

1. Szene: Eine Begegnung beim Wasserholen

Maria: *(Sie trägt einen schweren Wassereimer.)*
Puh, ist der schwer. Diese elende Wasserschlepperei. Ich muss mich einen Augenblick setzen.
(Maria stellt den Wassereimer ab und setzt sich auf einen Stein. Sie wischt sich den Schweiß von der Stirn. – Ein weiß gekleideter Engel erscheint. Maria blickt auf und erschrickt.)
Wer bist du?

Die Freude am Kind **29**

Engel:	Maria, hab' keine Angst. Ich bin Gabriel, der Bote Gottes. Ich habe dir etwas Wichtiges zu sagen. Du wirst ein Kind bekommen, einen Sohn, der Jesus heißen soll. Er wird der Retter der Welt sein. *(Der Engel verschwindet wieder.)*
Maria:	Träume ich? War das ein Engel? Ich soll einen Sohn bekommen? Ein Kind, das Gott mir schenkt. Wie kann das sein? Wenn das wahr wäre! Welch eine Freude für alle Menschen.

2. Szene: Zu Hause in Nazareth

(Maria sitzt auf einem Stuhl und liest in der Bibel. Josef kommt ganz aufgeregt herein.)

Josef:	Maria, eben habe ich etwas ganz Schreckliches gehört. Wir müssen nach Bethlehem. Das ist weit weg, du wirst ... *(Er beendet den Satz nicht, weil Maria ihm nicht zuhört.)*
Maria:	Und du, Bethlehem, die du die kleinste bist unter den Städten in Juda ... *(Noch ganz in Gedanken bei dem, was sie gelesen hat, schaut sie auf.)* Was hast du gesagt, Josef?
Josef:	Du wirst dein Kind in Bethlehem zur Welt bringen müssen! Das ist eine ganze Wochenreise von hier entfernt! Der Kaiser Augustus hat das bestimmt. Dort müssen wir hin zur Volkszählung.
Maria:	*(bestimmt)* Der Kaiser, der Kaiser! Der ist nicht wichtig. Wichtig ist, was Gott sagt. Er sagt, mein Kind soll in Bethlehem geboren werden. Ich lese es dir aus der Bibel vor: »Und du, Bethlehem, die du die kleinste bist unter den Städten in Juda, in dir wird geboren werden, der Herr über ganz Israel ist.«
Josef:	Aber der weite Weg, Maria. Und du bist hochschwanger, jeden Tag kann das Kind zur Welt kommen.
Maria:	Aber Josef, sei doch nicht so verzagt. Wir haben doch Samuel, unseren Esel. Da setzt du mich rauf und los geht es. Und du bist doch auch noch da. Freu dich lieber auf das Kind, das ich zur Welt bringen werde. Wie schön, wie gut, ich werde den Sohn gebären, der wichtiger ist als alle Kaiser dieser Welt.

3. Szene: In Bethlehem

(Josef hat Maria untergehakt und stützt sie. Sie kann nur schwer gehen. Aber sie macht ein frohes Gesicht.)

Josef: Da vorne ist Bethlehem. Welch ein Unglück, dass unser Esel krank geworden ist und dich nicht mehr tragen kann. Hoffentlich schaffst du es bis zur Herberge. Sonst bekommst du dein Kind noch hier auf der Straße.

Maria: Ach, Josef, mach dir nicht so viele Sorgen. Wir sind gleich in der Herberge. Da ist es warm und gemütlich. Ich freue mich sehr auf das Kind, das nun bald kommen wird.

Josef: *(Er klopft an die Tür der Herberge.)*
Hallo, ist da jemand? *(Niemand hört ihn.)*
Hallo, ist da jemand? Macht auf! *(Schlurfende Schritte sind zu hören. Der Wirt erscheint und reibt sich verschlafen die Augen.)*

Wirt: Häh? Was wollt ihr?

Josef: Wir brauchen einen Platz in eurer Herberge. Meine Frau ist schwanger und bekommt ein Kind.

Wirt: *(abweisend)* Hier ist alles voll. Geht woanders hin. Außerdem ist es unverantwortlich, mit einer schwangeren Frau nachts durch die Gegend zu laufen. *(Der Wirt verschwindet.)*

Josef: Was machen wir nun?

Maria: Es wird sich schon ein Platz für uns finden – und für das Kind.

Hirte: *(tritt auf)* Hallo, ihr Beiden. Ich kann euch einen Platz zeigen. Einen Stall, in dem unsere Schafe untergebracht sind. Wenn euch das genügt?

Maria: Natürlich reicht uns der Stall. Ein warmer Stall mit Heu und Stroh. Dort werde ich mein Kind zur Welt bringen. Und als Bett nehme ich die Krippe.

Josef: Du lässt dich nicht unterkriegen, Maria.

Maria: Nein! Der Engel hat mir gesagt, dass ich dieses Kind bekomme und so wird es auch sein. *(Der Hirte führt Maria und Josef zum Stall.)*

4. Szene: Auf dem Hirtenfeld

(Die Hirten liegen am Feuer und schlafen. Engel erscheinen und die Hirten wachen auf.)

Engel: Freut euch, ihr Hirten. Heute ist der Heiland der Welt geboren worden. In einem Stall werdet ihr das Kind finden. Geht hin, um es anzuschauen.

Alle Engel: Ehre sei Gott in der Höhe und Friede auf Erden.
(Die Engel verschwinden wieder.)

1. Hirte: Ich habe es geahnt! Das ist bestimmt das Kind, dessen Eltern ich zu dem Stall geführt habe.

2. Hirte: Der Heiland der Welt ist geboren? Ein kleines Kind? So ein Unsinn.

3. Hirte: Ich habe überhaupt nichts richtig mitgekriegt. Waren da eben Engel und haben von einem Kind geredet?

1. Hirte: Kommt, wir gehen hin. Das müssen wir unbedingt sehen.

5. Szene: In Bethlehem vor der Krippe

(Die Hirten knien vor dem Kind.)

2. Hirte: So siehst du also aus, du Gotteskind. Ich bin doch froh, dass ich gekommen bin.

3. Hirte: Ich bringe dir etwas Milch und Käse von unseren Schafen.

1. Hirte: Du siehst aus wie jedes andere Kind. Aber die Engel haben gesagt, du bist der Heiland der Welt. Ich bin gespannt, ob du die Welt verändern kannst.

Tragt in die Welt nun ein Licht

Kathrin Lichtenberger

Vorbemerkungen

Zum Text
Von den Hirten heißt es, dass sie das Wort ausbreiteten. Die Begegnung mit Jesus, dem menschgewordenen Wort Gottes, soll dazu führen, dass wir selbst das Wort wie ein Licht in die Welt tragen. Wem könnten die Hirten begegnet sein? In wessen Leben könnten wir ein bisschen Licht bringen? Welche Veränderungen könnte das bewirken – bei uns und bei den anderen?
Das sind die Gedanken, denen das Spiel nachgeht. Die Hirten begegnen einem einsamen alten Mann, einem kleinen Mädchen, das sich nicht ernst genommen fühlt. Sie teilen mit einem Bettler und helfen einer Frau, wieder eine Aufgabe in ihrem Leben zu finden.

Zur Aufführung
Die Szenen der Weihnachtsgeschichte und die Erlebnisse der Hirten auf ihrem Heimweg sind als Anspiel auf der Bühne zu sehen. Die Rollen können auch von den Mitarbeitern gelesen werden, die Kinder spielen pantomimisch. So kann das Krippenspiel auch mit kleineren Kindern gut eingeübt werden.
Bei einer kleineren Zahl von Kindern kann die 1. Szene als Schriftlesung gelesen werden. Dann entfallen die Rollen von Maria, Josef und von drei Engeln.
Wenn in einer Kirche keine Kanzel vorhanden ist, muss ein anderer geeigneter Ort gewählt werden.
In dieses Anspiel sind kurze Szenen der Erinnerung eingebunden, in denen die Menschen, die den Hirten begegnen, von ihrem früheren Leben erzählen. Diese pantomimisch dargestellten Erinnerungsszenen werden jeweils eingeleitet durch den Klang eines Regenmachers und das Anschalten des Lichtes hinter der Schattenspiel-Leinwand. Während des Schattenspiels bleiben die Schauspieler des Anspiels ruhig stehen, damit der Blick der Zuschauer nur auf die Schattenspielwand gelenkt wird. Am Ende der Erinnerungsszenen wird das Licht wieder ausgeschaltet und das Anspiel fortgesetzt.

Personen

mindestens vier Hirten
Josef
Maria
Verkündigungsengel

mindestens zwei Engel
Simon, der Alte
Lea, das Kind

Jakobus, der Bettler
Johanna, die Kranke
mindestens drei Schattenspieler

Bühnenbild vor dem Altar

Links: Krippe und zwei Stühle (Stall)
Rechts: Schattenspiel-Leinwand

Instrumente

Schellenkranz, Flöte, Regenmacher *(Können auch weggelassen werden.)*

Tragt in die Welt nun ein Licht **33**

1. Szene: Die Hirten

(Auf den Altarstufen links entsteht, während der Erzähler spricht, langsam ein Krippenbild.)

Erzähler/in: Es begab sich aber zu der Zeit, dass ein Gebot von dem Kaiser Augustus ausging, dass alle Welt geschätzt würde. Und diese Schätzung war die allererste und geschah zur Zeit, da Quirinius Statthalter in Syrien war. Und jedermann ging, dass er sich schätzen ließe, ein jeder in seine Stadt.

(Josef und Maria laufen durch den Mittelgang nach vorne zur Krippe. In der Krippe steht eine Kerze, die noch nicht angezündet ist. Josef sortiert ab und an sein Gepäck, gibt Maria zu trinken ...)

Da machte sich auf auch Josef aus Galiläa aus der Stadt Nazareth in das jüdische Land zur Stadt Davids, die da heißt Bethlehem, weil er aus dem Hause und Geschlechte Davids war, damit er sich schätzen ließe mit Maria, seinem vertrauten Weibe, die war schwanger.

(Maria und Josef sind angekommen und setzen sich.)

Und als sie dort waren, kam die Zeit, da sie gebären sollte. Und sie gebar ihren ersten Sohn und wickelte ihn in Windeln und legte ihn in eine Krippe; denn sie hatten sonst keinen Raum in der Herberge.

(Währenddessen zündet Josef die Kerze aus der Krippe an der Altarkerze an und die Hirten stellen sich vorne rechts auf.)

Und es waren Hirten in derselben Gegend auf dem Felde bei den Hürden, die hüteten des Nachts ihre Herde.

(Verkündigungsengel, der sich zuvor auf der Kanzel versteckt hat, steht auf.)

Und der Engel des Herrn trat zu ihnen, und die Klarheit des Herrn leuchtete um sie; und sie fürchteten sich sehr. Und der Engel sprach zu ihnen:

Verkündigungsengel: Fürchtet euch nicht! Siehe, ich verkündige euch große Freude, die allem Volk widerfahren wird; denn euch ist heute der Heiland geboren, welcher ist Christus, der Herr, in der Stadt Davids. Und das habt zum Zeichen: ihr werdet finden das Kind in Windeln gewickelt und in einer Krippe liegen.

(Die übrigen Engel stellen sich auf die Kanzelstufen. Währenddessen hört man Schellenkranzgeklimper.)

Erzähler/in: Und alsbald war da bei dem Engel die Menge der himmlischen Heerscharen, die lobten Gott und sprachen:

Zwei Engel:	Ehre sei Gott in der Höhe und Friede auf Erden und den Menschen ein Wohlgefallen. *(Eventuell gesungen: DS 43, EG 26, LJ 34 oder KiGoLo 32)*
Erzähler/in:	Und als die Engel von ihnen gen Himmel fuhren, sprachen die Hirten untereinander:
1. Hirte:	Lasst uns nun gehen nach Bethlehem und die Geschichte sehen, die da geschehen ist, die uns der Herr kundgetan hat. *(Die Hirten laufen zur Krippe.)*
Erzähler/in:	Und sie kamen eilend und fanden beide, Maria und Josef, dazu das Kind in der Krippe liegen. Als sie es aber gesehen hatten, breiteten sie das Wort aus, das zu ihnen von diesem Kinde gesagt war.
● *Lied:*	Tragt in die Welt (DS 140, KiGoLo 202, LJ 327 – instrumental)

(Ein- bis zweimal flöten. Die Hirten bleiben an der Krippe stehen, zünden jeweils eine Kerze an und halten sie in der Hand. Später wird sie weitergegeben. Simon, der alte Mann, nimmt seinen Platz ein.)

2. Szene: Der alte Simon

Erzähler/in:	Aus Sorge um ihre Schafe nehmen die Hirten bald wieder Abschied von Maria, Josef und dem Kind und machen sich auf den Weg nach Hause. *(Die vier Hirten gehen gemeinsam mit ihren Kerzen los.)* Sie sind erst kurze Zeit unterwegs, da kommen sie an ein altes, baufälliges Haus. Am Fenster sitzt ein alter Mann, der starr vor sich hinblickt.
1. Hirte:	Hallo, du! Was ist mit dir? Du siehst so traurig aus! *(Simon reagiert zunächst nicht. Der Hirte wird lauter und winkt.)* Hallo, du da oben am Fenster!
Simon:	*(schreckt auf)* Wie? Was? – Oh, entschuldige; ich war ganz in Gedanken versunken.
1. Hirte:	Deinem Gesicht nach zu schließen denkst du aber an nichts Schönes.

Simon:	Da hast du leider recht. – Ich bin Simon, der Schreiner. Das heißt, ich war Schreiner. Damals war ich noch glücklich!

(Regenmacher ertönt, das Licht geht an. Seine Erinnerung wird als Schattenspiel sichtbar gemacht. Zu sehen ist ein Schattenspieler mit Hut. Möglicherweise mit einem Sägebock. Er hält eine Säge in der Hand.)

Wie habe ich den Geruch von Holz geliebt!
(Der Schattenspieler riecht an einem Stück Holz.)
Ein Bett aus Zedernholz für den Kaufmann, eine Kommode aus Olivenholz für die Malutensilien eines Künstlers ...
(Der Schattenspieler nimmt unterschiedliche Gegenstände in die Hand.)
Jeden Tag kamen die verschiedensten Menschen, um mir Aufträge zu geben.
(Andere Schattenspieler laufen zu ihm, schütteln ihm die Hand, reden mit ihm, bis das Licht ausgeht.)
Und kaum war das Geschäftliche geregelt, habe ich mich mit ihnen unterhalten. Was ich da alles zu hören bekam!
(Simon grinst und hält sich die Hand vor den Mund. – Licht geht aus.)
Aber heute: Was ist mir geblieben? Ich bin alt und einsam. Die Einkäufe erledigt meine Nachbarin, die immer in Eile ist, und ich komme nicht mehr unter die Leute. Keiner meiner alten Bekannten scheint sich an mich zu erinnern, denn Besuch hatte ich schon seit Jahren nicht mehr ...
Ich will euch aber nicht mehr länger aufhalten. Sicher habt ihr viele dringende Pflichten. Ich danke euch vielmals, dass ihr mir so viel Aufmerksamkeit geschenkt habt!«
(1. Hirte bringt seine Kerze zu Simon, Simon wirft sich ein weißes Leintuch um als Zeichen dafür, dass sein Leben heller geworden ist.)

● *Lied:*	Tragt zu den Alten ein Licht (DS 140, KiGoLo 202, LJ 327– 2. Strophe) – *(Alle Kinder singen.)*

3. Szene: Die kleine Lea

(Während der Liedstrophe ziehen die Hirten weiter. Lea setzt sich auf einen Tisch bei den Altarstufen.)

Erzähler/in:	Kurze Zeit später bemerken die Hirten ein kleines Mädchen, das weinend im Schatten eines Baumes sitzt.
2. Hirte:	Kleines Fräulein, wo drückt der Schuh?
Lea:	*(traurig und trotzig)* Meine Schuhe sind total bequem; die drücken überhaupt nicht!

Erzähler/in:	Bei dieser Bemerkung können sich die Hirten ein Lächeln nicht verkneifen. Doch das macht Lea nur noch trauriger.
Lea:	Warum lacht ihr über mich? Ihr seid wie alle Erwachsenen! Keiner nimmt mich ernst. *(Sie ahmt die Erwachsenen ärgerlich nach.)* Das verstehst du doch ohnehin nicht. ... Werd' du erst mal erwachsen! ... Dazu bist du noch viel zu klein! ... Und trotzdem soll ich genauso lange still sitzen können wie die Erwachsenen. Trotzdem soll ich im Haushalt und auf dem Feld helfen. Ich soll Verantwortung übernehmen und ständig auf meine kleine Schwester aufpassen. Das ist ungerecht!
2. Hirte:	Stimmt, kleine ... Wie heißt du eigentlich?
Lea:	Lea. Und ich bin gar nicht mehr so klein. *(Erinnerung und Traum werden als Schattenspiel sichtbar. Der Regenmacher ertönt, das Licht geht an. Zu sehen sind im Schattenbild drei spielende Kinder, die am Boden hocken.)* Vor zwei Wochen bin ich acht Jahre alt geworden. Ich durfte den ganzen Nachmittag mit meinen Freunden spielen. Da sind wir zum Bach gegangen und haben Staudämme gebaut und Kaulquappen gesehen! Weißt du, ich liebe Tiere! Ich möchte einmal Hirte werden wie ihr! Ich weiß, dass der Beruf oft schwer ist: Nachts ist es kalt und einsam auf den Feldern. Die Menschen in der Stadt halten nichts von Hirten und sehen auf sie runter; und außerdem bin ich doch ein Mädchen ... *(Licht aus.)* Oh! Ich rede schon so lange! Aber ihr habt mich nicht ein einziges Mal unterbrochen! Danke. Ihr habt mich wohl wirklich ernst genommen. *(Lea strahlt übers ganze Gesicht. 2. Hirte gibt seine Kerze an Lea weiter, Lea wirft sich ein weißes Tuch um.)*
● *Lied:*	Tragt zu den Kindern ein Licht (DS 140, KiGoLo 202, LJ 327 – 4. Strophe) – *(Alle Kinder singen.)*

4. Szene: Der arme Jakobus

(Während der Liedstrophe ziehen die Hirten weiter. Jakobus stellt sich rechts auf die Altarstufen.)

Erzähler/in:	Als die Hirten schon ein gutes Stück weitergelaufen sind und noch immer an die kleine Lea denken, treffen sie an der Straße

auf einen Bettler mit zerschlissenen, schmutzigen Kleidern, der vor Kälte schon eine ganz blaue Nase hat. Sein Name ist Jakobus.

Jakobus: Entschuldigt, dass ich euch anspreche.
(Die Hirten bleiben stehen.)
Habt ihr vielleicht ein kleines Stückchen Brot für mich übrig? Ich habe so schrecklichen Hunger.
(Die Hirten kramen in ihren Taschen.)
Es ist mir peinlich, dass ich hier sitze und um Brot betteln muss! ...
(Die Erinnerung wird als Schattenspiel sichtbar. Der Regenmacher ertönt, das Licht geht an.
Zu sehen ist ein aufrecht stehender Mann, der ein Stück Stoff in die Hand nimmt und es aufmerksam anschaut.)
Ich war einmal ein wohlhabender Kaufmann. Nicht reich, nein, nein, aber ich hatte immer genug, um mich und meine Familie über Wasser zu halten. Ich habe in der ganzen Welt nach Stoffen Ausschau gehalten, ...
(Der Schattenspieler sieht sich um, begegnet einem anderen Menschen, bekommt von ihm ein Stück Stoff und schaut es an.)
... um sie hier zu verkaufen: Brokat, Samt, Seide, Baumwolle ...
(Er grinst und hält die Hand vor den Mund.)
Die Frauen brauchen doch ständig neue Kleider! ... Doch dann, vor einem halben Jahr hat ein Blitz …
(Ein Mitarbeiter schaltet hinter der Schattenleinwand mehrmals ganz kurz eine Taschenlampe ein.)
… in mein Haus eingeschlagen, als ich selbst gerade unterwegs war, um neue Stoffe zu kaufen. Alles ist verbrannt: mein Haus, meine Stoffe, ... alles, was ich besessen habe.
(Der Schattenspieler lässt die Stoffe fallen. Licht aus.)
Mir ist nichts geblieben als das nackte Leben und die Kleider, die ich auf meinem Leib trug.

3. Hirte: Leider sind wir selbst nicht reich. Aber, was wir haben, wollen wir mit dir teilen.
(Die Hirten setzen sich zu ihm und teilen Brot und Wasser. Einer zieht seine Jacke aus und hängt sie dem Bettler über die Schultern.)

Jakobus: Ihr habt mir mehr geschenkt, als ihr denkt. Kein anderer hat sich je zu mir auf die Straße gesetzt und mit mir Brot und Wasser geteilt! *(3. Hirte gibt seine Kerze an Jakobus weiter, Jakobus wirft sich ein weißes Tuch um.)*

● *Lied:* Tragt zu den Armen ein Licht (nach DS 140, KiGoLo 202, LJ 327) – *(Alle Kinder singen.)*

5. Szene: Die kranke Johanna

(Während der Liedstrophe ziehen die Hirten weiter. Johanna setzt sich an den Taufstein, der den Brunnen darstellt.)

Erzähler/in: Erschöpft von der langen Reise machen die Hirten an einem Brunnen halt, um ihre Wasserbeutel aufzufüllen. Auf einer Bank in einiger Entfernung sitzt Johanna. Sie beobachtet die vorbeieilenden Menschen.

4. Hirte: Wir grüßen dich, gute Frau! *(Die Hirten laufen zu Johanna.)*

Erzähler/in: Johanna hat die Hirten nicht kommen gehört und dreht sich erschrocken um.

Johanna: Äh... Ich... Auch ich grüße euch, ihr Hirten! Entschuldigt mein Gestammel, aber ich war ganz in Gedanken versunken. Ich komme jeden Tag hierher, weil man von dieser Bank aus einen Blick auf das Leben in der Stadt werfen kann.

(Die Erinnerung wird wieder als Schattenspiel sichtbar. Regenmacher ertönt, das Licht geht an. Zu sehen ist eine Frau mit Schwesternhaube. Sie bückt sich hinab zu einer zweiten Person, die auf einem Stuhl sitzt, und streicht ihr über die Schulter.)

Früher war ich jeden Tag auf diesen Straßen unterwegs. Als Krankenschwester bin ich von Haus zu Haus gegangen und habe alte und kranke Menschen gepflegt. *(Licht aus.)*
Jetzt bin ich selbst krank und auf Hilfe angewiesen. Welchen Sinn hat mein Leben noch?

4. Hirte: Warum sitzt du abseits? Warum setzt du dich nicht direkt an den Brunnen?

Johanna: Was würde das ändern?

4. Hirte: Viele Menschen kommen an diesem Brunnen vorbei: Händler, die weit weg von zu Hause von Heimweh geplagt werden. Kinder, deren Eltern zu beschäftigt sind, um mit ihnen zu spielen. Frauen kommen, um Wasser zu schöpfen und sind froh, wenn sie ihre Sorgen mit anderen teilen können.

	Wer hat so viel Zeit für die Menschen wie du? Setz dich nicht abseits. Geh zum Brunnen und hör dir die verschiedenen Geschichten an.
Erzähler/in:	Da huscht ein Lächeln über Johannas Gesicht. Sie hat wieder eine Aufgabe: einfach da zu sein. *(4. Hirte schenkt Johanna seine Kerze. Sie wirft sich ein weißes Tuch um.)*
● *Lied:*	Tragt zu den Kranken ein Licht (DS 140, KiGoLo 202, LJ 327 – 3. Strophe) – *(Alle Kinder singen.)*

6. Szene: Das Licht breitet sich in der Welt aus

(Die Hirten wandern umher und bleiben schließlich an ihrem Ausgangspunkt vorne rechts stehen.)

Erzähler/in:	Als die Hirten am Ende des Tages bei ihren Schafen ankommen, sind sie wieder alleine. Geblieben sind ihnen aber die Erinnerungen ... an die Engel, ... an Maria und Josef, ... an das Kind in der Krippe ... und an die vielen Menschen, die sie im Laufe ihrer Reise kennengelernt haben. Doch nicht nur die Hirten sind überglücklich über das, was ihnen geschehen ist. Auch im Leben des alten Simon, der kleinen Lea, des armen Jakobus und der kranken Johanna ist es heller geworden.
● *Lied:*	Tragt in die Welt nun ein Licht (DS 140, KiGoLo 202, LJ 327 – 1. Strophe) – *(Alle Kinder singen.)*

(Die Hirten zünden an der Krippenkerze Kerzen an und tragen sie zu den Kerzenständern, die in der Kirche verteilt aufgestellt sind.)

Weihnachten fällt aus

Christoph Püngel

Vorbemerkungen

Zum Text
Woran entscheidet sich, ob Weihnachten stattfindet oder nicht? Vieles Äußere gehört sicher auch zur besonderen Stimmung von Weihnachten: Lebkuchen und Schokoladenweihnachtsmänner, freie Zeit, festliche Feier, Geschenke. Aber wenn es das alles einmal nicht gibt, ist dann Weihnachten ausgefallen?
Die eigentliche Geschichte von Weihnachten bleibt und muss erzählt werden: Gott wird Mensch – geboren in einem armseligen Stall in dem unbedeutenden Ort Bethlehem. Und damit schreibt er Geschichte, sagt uns der Evangelist Lukas.
Weihnachten ist niemals besiegt, solange das kleine Kind dort in der Krippe liegt.

Zur Aufführung
Die Szenen sind kurz, sie haben eher Stegreifcharakter. Es genügt, die Szenerie jeweils mit wenigen Utensilien anzudeuten.

Personen

Erzähler	Vater	Josef
Sprecher der Bibeltexte	Lebkuchenfabrikant	Maria
Lisa	Kaufhausbesitzer	Wirt
Tim	Leiter des Sportvereins	Engel und Hirten
Mutter		

Requisiten

zwei Telefone oder Handys, (event.) eine Liege, (event.) ein leeres Regal, einfache Kostüme für die Personen im Krippenspiel

Spielorte

Am Telefon	Am Krankenbett	Beim Krippenspiel
Bei Lisa und Tim	Im Kaufhaus	

1. Szene: Keine Lebkuchen und Schokoladenweihnachtsmänner

(Der Kaufhausbesitzer und der Lebkuchenfabrikant haben je ein Telefon oder Handy.)

Erzähler: Es war Anfang Dezember. Schon seit Wochen bereitete sich die ganze Stadt auf das Weihnachtsfest vor. Die Schaufenster der Geschäfte waren weihnachtlich dekoriert, überall waren Weihnachtslieder zu hören und es lag auch schon der erste Schnee. Die Vorbereitungen für das Fest schienen wie immer zu verlaufen, doch in diesem Jahr sollte alles ganz anders kommen ...

Kaufhaus- besitzer:	Guten Tag. Spreche ich hier mit der Lebkuchenfabrik?
Lebkuchen- fabrikant:	Ja, hier sind Sie richtig. Ich bin Herr Krümel, der Leiter der Lebkuchenfabrik. Weshalb rufen Sie denn an?
Kaufhaus- besitzer:	Ich möchte fragen, wann endlich die Lieferung mit den Lebkuchen und Schokoladenweihnachtsmännern in meinem Kaufhaus eintrifft. Meine Kunden warten schon ganz ungeduldig darauf.
Lebkuchen- fabrikant:	Da habe ich leider eine schlechte Nachricht für Sie. Unsere Lebkuchenmaschine ist kaputt, darum konnten wir keinen einzigen Lebkuchen backen. Und die Schokoladenweihnachtsmänner haben dieses Jahr keine Lust auf Weihnachten und sind einfach verreist.
Kaufhaus- besitzer:	Das klingt ja schrecklich. Was soll ich denn jetzt machen?
Lebkuchen- fabrikant:	Das weiß ich leider auch nicht. Ich fürchte, Weihnachten muss in diesem Jahr ausfallen.

2. Szene: Alle müssen an Weihnachten arbeiten

Erzähler:	Lisa und Tim freuten sich schon sehr auf die Weihnachtsfeiertage. Ihr Vater war ein wichtiger Geschäftsmann und oft unterwegs. Doch an Weihnachten hatte er immer frei und so konnte die ganze Familie zusammen feiern. So war es zumindest bis jetzt immer gewesen ...
Tim:	Du Papa, ich freue mich schon richtig auf Weihnachten. Wenn wir endlich mal wieder alle zusammen sind und am Tannenbaum die Kerzen brennen und darunter hoffentlich viele Geschenke liegen und es dann ein leckeres Essen gibt ...
Vater:	Hör mal zu, Tim, ich muss dir etwas sagen. So wie es aussieht muss Weihnachten in diesem Jahr leider ausfallen.

Tim:	Warum denn?
Vater:	Ich muss auf eine wichtige Dienstreise gehen, um ein sehr wichtiges Geschäft abzuschließen. Und Mama muss während der Feiertage auch arbeiten.
Tim:	Aber was sollen denn Lisa und ich dann ganz alleine machen?
Vater:	Wir bringen euch in dieser Zeit zu Oma, damit sie auf euch aufpasst.

3. Szene: Die Weihnachtsfeier fällt aus

Erzähler:	In der Stadt gab es auch einen Sportverein. Jedes Jahr fand dort am 2. Advent eine Weihnachtsfeier statt, zu der alle Mitglieder des Vereins eingeladen waren.
Leiter des Sportvereins:	*(Er liegt im Bett und hat ein Telefon in der Hand.)* Guten Tag Frau Müller, hier spricht der Leiter des Sportvereins. Ich wollte Ihnen nur kurz Bescheid geben, dass die Weihnachtsfeier unseres Vereins leider ausfallen muss. Ich habe mir ein Bein gebrochen und der Arzt hat mir Bettruhe verordnet. Ich finde es natürlich auch schade, dass es keine Feier gibt, aber dieses Jahr muss Weihnachten wohl oder übel ausfallen.

4. Szene: Im Kaufhaus

Erzähler:	Lisa war währenddessen mit ihrer Mutter im Kaufhaus, um sich dort ein Weihnachtsgeschenk auszusuchen. In der Zeit vor dem 24. Dezember gab es hier immer eine besonders große Auswahl an Spielsachen zu kaufen.
Lisa:	Mama, wo sind denn die ganzen Spielsachen?
Mutter:	Alle Regale sind leer. Vielleicht wurde schon alles verkauft? Ich werde einmal den Verkäufer dort drüben fragen. *(Sie geht zum Kaufhausbesitzer.)* Entschuldigen Sie bitte, wo finden wir denn hier im Kaufhaus die Spielsachen? Meine Tochter möchte sich ein Weihnachtsgeschenk aussuchen.

Weihnachten fällt aus **43**

Kaufhaus- besitzer:	Gnädige Frau, das tut mir schrecklich leid, aber der Lastwagen mit den Geschenken steht noch kurz hinter Grönland im Stau und wird wohl nicht rechtzeitig hier eintreffen.
Lisa:	Heißt das, es gibt dieses Jahr keine Geschenke zu Weihnachten?
Kaufhaus- besitzer:	So sieht es fast aus.
Mutter:	Dann muss Weihnachten dieses Jahr eben ausfallen.
Erzähler:	Und da war er schon wieder gewesen, dieser eine Satz, der in diesem Jahr schon so oft gesagt worden war: Weihnachten muss ausfallen.

Weihnachten fällt aus Text und Melodie: © Christoph Püngel

2. Große Hast und große Eile, Arbeit hier und Arbeit dort.
Zum Feiern hat da niemand Zeit, die Weihnachtsfreude, die ist fort.
Drum singen wir o Schreck, o Graus: Weihnachten – fällt aus!

3. Wo sind bitte die Geschenke, gibt's denn nichts in diesem Jahr?
So kann man doch nicht Weihnacht feiern, das ist ja wohl jedem klar.
Drum singen wir o Schreck, o Graus: Weihnachten – fällt aus!

5. Szene: Die Geschichte von Weihnachten lebt

Erzähler: Doch Lisa und Tim wollten das nicht so einfach hinnehmen, wenn die Erwachsenen sagten, das Weihnachtsfest würde dieses Jahr ins Wasser fallen.
Einen kleinen Hoffnungsschimmer gab es zumindest noch: Wenigstens das Krippenspiel der Kinderkirche und der Gottesdienst am Heiligen Abend sollten wie gewohnt stattfinden.
Und so war es dann tatsächlich auch! Die Kinder kannten die Weihnachtsgeschichte zwar schon fast auswendig, doch trotzdem ging immer noch etwas Besonderes von ihr aus.

(Alle stellen sich für das Krippenspiel auf.)
Sprecher:
Es begab sich aber zu der Zeit, dass ein Gebot von dem Kaiser Augustus ausging, dass alle Welt geschätzt würde. Und diese Schätzung war die allererste und geschah zur Zeit, da Cyrenius Landpfleger in Syrien war.
Und jedermann ging, dass er sich schätzen ließe, ein jeder in seine Stadt. Da machte sich auf auch Josef aus Galiläa, aus der Stadt Nazareth, in das jüdische Land zur Stadt Davids, die da heißt Bethlehem, weil er von dem Hause und Geschlechte Davids war, auf dass er sich schätzen ließe mit Maria seinem vertrauten Weibe, die war schwanger.

Josef: Komm, Maria, wir müssen nach Bethlehem aufbrechen, um uns dort in die Listen des Kaisers eintragen zu lassen.

Maria: Wie soll ich denn die lange Reise schaffen?

Josef: Du kannst auf unserem Esel reiten.

Maria: Hoffentlich finden wir in Bethlehem noch eine Unterkunft.

Erzähler: Doch als sie in Bethlehem ankamen, mussten sie feststellen, dass alle Herbergen bereits belegt waren.

Josef: Da vorne ist das letzte Hotel der Stadt. Vielleicht gibt es dort noch Platz für uns. *(Er klopft an, der Wirt öffnet.)* Haben Sie vielleicht noch ein Zimmer für meine schwangere Frau und mich?

Wirt: Meine Herberge ist leider komplett ausgebucht, aber ich kann euch den Stall hinter dem Haus anbieten.

Maria: Vielen Dank, das ist sehr freundlich von Ihnen.

Weihnachten fällt aus

Sprecher:
Und als sie daselbst waren, kam die Zeit, dass Maria gebären sollte. Und sie gebar ihren ersten Sohn und wickelte ihn in Windeln und legte ihn in eine Krippe; denn sie hatten sonst keinen Raum in der Herberge.
Und es waren Hirten in derselben Gegend auf dem Felde bei den Hürden, die hüteten des Nachts ihre Herde. Und siehe, der Engel des Herrn trat zu ihnen, und die Klarheit des Herrn leuchtete um sie; und sie fürchteten sich sehr. Und der Engel sprach zu ihnen:

Engel: Fürchtet euch nicht! Siehe ich verkündige euch große Freude, die allem Volk widerfahren wird; denn euch ist heute der Heiland geboren, welcher ist Christus, der Herr, in der Stadt Davids. Und das nehmt zum Zeichen: Ihr werdet ein Kind finden in Windeln gewickelt und in einer Krippe liegen.

Sprecher:
Und plötzlich war bei dem Engel die Menge der himmlischen Heerscharen, die lobten Gott und sprachen: Ehre sei Gott in der Höhe und Friede auf Erden bei den Menschen seines Wohlgefallens.
Und als die Engel von ihnen zum Himmel fuhren, sagten die Hirten zueinander:

Hirte: Lasst uns nach Bethlehem gehen und sehen, was geschehen ist, wie es uns der Herr verkundet hat.
(Hirten und Engel gehen zur Krippe.)

Sprecher:
Und sie kamen eilend und fanden beide, Maria und Josef, dazu das Kind in der Krippe liegen. Als sie es aber gesehen hatten, verbreiteten sie das Wort, das zu ihnen über dies Kind gesagt worden war. Und alle, vor die es kam, wunderten sich über die Worte, die ihnen die Hirten gesagt hatten. Maria aber behielt alle diese Worte und bewegte sie in ihrem Herzen. Und die Hirten kehrten zurück, priesen und lobten Gott für alles, was sie gehört und gesehen hatten, wie es zu ihnen gesagt war.

Erzähler: Nach dem Gottesdienst gingen Lisa und Tim zusammen mit ihrer Oma nach Hause. Die beiden waren sich nun sicher, auch wenn in diesem Jahr die Geschenke, das Weihnachtsgebäck und die gemeinsame Familienfeier fehlten, solange es die Geschichte gab, die von der Geburt des Jesuskindes berichtete, würde Weihnachten niemals ausfallen.

Solange das kleine Kind in der Krippe liegt

Text und Melodie: © Christoph Püngel

Der Stern am Himmel

Kommet und sehet! – Krippenspiel-Musical
Kurt Rainer Klein

Vorbemerkung

Zum Text
In neun Szenen wird die Weihnachtsgeschichte dargestellt und Texte aus Matthäus, Lukas, Jesaja, Micha und Sacharja bedacht. Jede Szene ist für sich abgeschlossen und bietet jeweils einen Impuls zum Nachdenken.

Zur Aufführung
Nach Möglichkeit sollte man die einzelnen Szenen an verschiedenen Stellen im Kirchenraum spielen lassen. Ein kleiner Engel tritt als Moderator/in auf und leitet die Szenen ein. Die Texte der Lieder sind auf die Szenen abgestimmt. Wer keine Band zur Verfügung hat, kann einen kleinen (jugendlichen) Chor mit Keyboard begleiten. Die Refrains können auch mit der Gemeinde gesungen werden, wenn die Texte vorher ausgeteilt werden.
(Klangproben der Lieder befinden sich auf der CD, die dem Buch beiliegt. Bei musikalischen Fragen kontaktieren Sie bitte den Autor: KR.Klein@t-online.de.)

Personen (insgesamt 26)

Kleiner Engel als Moderator/in
Maria und Josef
drei Schriftgelehrte
Wirt und zwei Gäste
zwei Beamte und sechs Personen

vier Hirten
drei Engel
drei Weise
zwei Zuschauer

Requisiten in den einzelnen Szenen

1. Stock, Beutel
2. Stehpulte, Schriftrollen
3. Tisch, Gläser, Weinflasche
4. Tisch, Papier, Stempel
5. Lagerfeuer, Strohballen, Stöcke, Stoffschafe

6. Engelsflügel
7. Stern
8. Krippe, Geschenke
9. keine

Kleiner Engel: Maria und Josef reisen von Nazareth nach Bethlehem, weil Josef aus dem Hause Davids stammt und sich bei der Volkszählung in die Steuerliste eintragen muss.

1. Szene: Maria und Josef
(Maria und Josef sind auf dem Weg von Nazareth nach Bethlehem.)

Maria: Ich habe dem Engel geglaubt, dass ich Gnade bei Gott gefunden habe.

Kommet und sehet! – Krippenspiel-Musical **49**

Freut euch! Text und Musik: © Kurt Rainer Klein

1. Ein Engel hat Maria im Traum und in der Nacht
ein Kindelein verheißen, das ihr der Geist gebracht.
Refrain: Freut euch, singet laut! Gott schenkt uns ein Kind heut'.
Freut euch, jubelt mit, sagt es allen Leut'.

2. Auch Josef ist erschienen ein Engel, der ihm sagt,
das Kind soll Jesus heißen, Maria ist die Magd. *Refrain*

3. Und Josef hat Maria zu seiner Frau gemacht.
Er hat sie mitgenommen, nach Bethlehem gebracht. *Refrain*

Josef:	Weil ich es nicht glauben konnte, wollte ich dich verlassen, Maria.
Maria:	Trotzdem bist du bei mir geblieben!
Josef:	Ja, denn auch mir ist der Engel bei Nacht im Traum erschienen.
Maria:	Und das hat dich in deiner Meinung umgestimmt.
Josef:	So ist es, Maria. Er hat mir gesagt, dass ich dich zu mir nehmen soll.
Maria:	Der Engel hat mir gesagt, dass der Heilige Geist mich überschatten wird.
Josef:	Unseren Sohn sollen wir Jesus nennen, hat er mir gesagt.

Maria:	Er wird Sohn des Höchsten genannt werden ...
Josef:	... und sein Name bedeutet: »Gott ist mit uns«.
Maria:	Er soll herrschen auf dem Throne Davids, ...
Josef:	... damit erfüllt würde, was unsere Propheten verkündigt haben.
● *Lied:*	Freut euch! *(Text und Noten S. 49 oben)*
Kleiner Engel:	Schriftgelehrte studieren die heiligen Schriften und deuten die alten Verheißungen für die neue Zeit, damit die Menschen sie besser verstehen.

2. Szene: Schriftgelehrte in der Diskussion

(Die Schriftgelehrten stehen an Stehpulten mit ihren Schriftrollen.)

1. Schriftgelehrter:
>»Ein Ochse kennt seinen Herrn und ein Esel die Krippe seines Herrn«

2. Schriftgelehrter:
>Was ist das denn für ein seltsames Sprichwort?

3. Schriftgelehrter:
>Irgendwie kommt es mir bekannt vor.

1. Schriftgelehrter:
>Der Prophet Jesaja hat diesen Satz formuliert.

2. Schriftgelehrter:
>Aber was meint er damit?

3. Schriftgelehrter:
>Dass auch der Dümmste weiß, wo er sein Futter bekommt.

1. Schriftgelehrter:
>Unsinn! Schau dir mal an, was der Prophet Sacharja schreibt.

3. Schriftgelehrter:
: Da lese ich: »Siehe, dein König kommt zu dir, ein Gerechter und ein Helfer, arm und reitet auf einem Esel.«

2. Schriftgelehrter:
: Was haben die beiden Worte miteinander zu tun?

1. Schriftgelehrter:
: König und Herr meinen dasselbe. Gemeint ist der, der da kommen soll.

2. Schriftgelehrter:
: Und was haben Ochs und Esel damit zu schaffen?

3. Schriftgelehrter:
: Aha, du meinst, Ochs und Esel wissen um den, der da kommen soll?

1. Schriftgelehrter:
: Genau. Lies mal, was der Prophet Micha weiß.

2. Schriftgelehrter:
: »Und du, Bethlehem, die du klein bist unter den Städten in Juda, aus dir soll mir der kommen, der in Israel Herr sei, dessen Ausgang von Anfang und von Ewigkeit her gewesen ist.«

1. Schriftgelehrter:
: Bethlehem ist also der Ort, an dem der Herr oder König zur Welt kommt.

2. Schriftgelehrter:
: Deine Analyse ist scharfsichtig. Deine Einsichten sind tief.

1. Schriftgelehrter:
: Richtig, in Bethlehem kommt der neue Herr zur Welt. Und Ochs und Esel werden dabei sein.

● *Lied:* Bethlehem *(Text und Noten S. 52 oben)*

Kleiner Engel: In diesen Tagen ist Bethlehem ein Ort des Trubels. Menschen von überall kommen, um an der Volkszählung teilzunehmen.

Bethlehem

Text und Musik: © Kurt Rainer Klein

2. Sacharja weissagt, was viele hoffen und was man glaubt.
Einer wird kommen und alles ordnen, die Welt wird neu. *Refrain*

3. Propheten reden von einem König, der Frieden bringt.
Er wird uns zeigen, dass Liebe Sinn macht und Menschen heilt. *Refrain*

---

3. Szene: Zeitgenossen im Wirtshaus

(Zwei Gesellen treten in die Gaststube ein und setzen sich an einen Tisch. Der Wirt tritt hinzu.)

Wirt:	Was für Zeiten! Mein Haus ist voll.
1. Gast:	Was für ein Treiben in dieser Stadt. Bethlehem platzt aus allen Nähten.
2. Gast:	Du machst gute Geschäfte in diesen Tagen, scheint mir.
Wirt:	Ich bin mehr als zufrieden. So könnte es immer sein.
2. Gast:	Da muss nur ein römischer Kaiser eine Volkszählung anordnen …
1. Gast:	… und schon ist alle Welt auf den Beinen.
Wirt:	Mir soll es recht sein. Mein Haus ist voll. – Was wünscht ihr?
1. Gast:	Bring uns einen trockenen Rotwein – und zwei Gläser.

Kommet und sehet! – Krippenspiel-Musical

2. Gast:	Für jeden von uns eine saftige Lammkeule. *(Der Wirt tritt ab.)*
2. Gast:	Das sind schon bewegte Zeiten, in denen die Merkwürdigkeiten blühen.
1. Gast:	Die Mächtigen machen, was sie wollen. Das Volk hat zu gehorchen.
Wirt:	*(Er bringt den Wein und die Gläser, stellt sie auf den Tisch.)* Das Leben ist nicht einfach. Es müsste sich vieles ändern bei uns.
1. Gast:	Der Allmächtige müsste uns einen schicken, der unsere Sprache spricht.
2. Gast:	Die Zeit ist reif für Veränderungen. Das Volk schreit nach Freiheit.
Wirt:	Vielleicht werden wir uns bald wundern! Ich habe so ein merkwürdiges Gefühl.

Der Wirt

Text und Musik: © Kurt Rainer Klein

2. In die Kneipen kommen Menschen, die ihr Leben sich erzähl'n.
Ihre Hoffnungen und Sehnsüchte, die tauschen sie hier aus.
Viele fragen sich, was kommen wird in dieser trüben Zeit.
Denn die Welt ist reif für eine neue Ordnung, die sie braucht. *Refrain*

3. Die das Sagen haben wollen, dass beim Alten alles bleibt,
ja, sie wollen ihre Macht behalten, wie es bisher war.
Für die Armen tun sie wenig, für die Schwachen auch nicht viel.
Wie soll sich da etwas ändern? Niemand weiß, wie das geschieht. *Refrain*

Kleiner Engel: Menschen kommen in Bethlehem zur Stelle, wo man sich einträgt in die Steuerliste und seiner Bürgerpflicht Genüge tut.

4. Szene: An der Steuerlistenstelle

(Zwei Steuerbeamte sitzen am Tisch. Menschen kommen vorbei, sechs stehen an, drei werden gefragt, beantworten die Fragen und erhalten eine gestempelte Bestätigung.)

1. Beamter: Nachnahme, Vorname, Alter, Wohnort.

1. Person: Ben-Adam, Elias, 25, geboren in Bethlehem.

2. Beamter: *(stempelt ein Papier)* Hier, deine Papiere.

1. Beamter: Nachnahme, Vorname, Alter, Wohnort.

2. Person: Ben-Jusuf, Jona, 30, wohnhaft in Jericho.

2. Beamter: *(stempelt ein Papier)* Hier, deine Papiere.

1. Beamter: Nachnahme, Vorname, Alter, Wohnort.

3. Person: Ben-David, Josef, 22, stamme aus Nazareth.

2. Beamter: *(stempelt ein Papier)* Hier, deine Papiere.
(Es stehen drei weitere Personen an, die aber nicht mehr dran kommen.)

1. Beamter: Das nimmt ja heute gar kein Ende.

2. Beamter: Was für ein Menschenauflauf in dieser Stadt.

1. Beamter: Von wo die alle herkommen, wie weit die nur gelaufen sind!

Kommet und sehet! – Krippenspiel-Musical **55**

2. Beamter: Sogar aus Nazareth in Galiläa sind Leute nach Bethlehem gekommen.

Aus Davids Haus Text und Musik: © Kurt Rainer Klein

1. In Davids Stadt, nach Bethlehem, da kommen sie von weit her, tragen sich ein in Listen dann zur Zählung.
Refrain: Aus Davids Haus kommt auch, glaubt es mir Josef.

2. Jedermann der von David stammt wie Josef auch geht dahin nach Bethlehem in Davids Stadt zur Zählung. *Refrain*

3. Maria geht mit Josef mit als seine Frau ihm vertraut. Weit ist der Weg nach Bethlehem zur Zählung. *Refrain*

Kleiner Engel: Hirten sitzen nachts nach getaner Arbeit am Lagerfeuer und erzählen einander, was ihnen am Herzen liegt.

5. Szene: Hirten auf dem Felde

((Vier Hirten sitzen des Nachts um das Lagerfeuer.)

1. Hirte: Die Nacht ist wieder einmal kalt.

2. Hirte: Wie unsere Welt auch. Jeder denkt nur an sich!

3. Hirte: Unser Feuer wärmt uns wenigstens.

4. Hirte: Das ist wirklich der einzige Lichtblick hier draußen.

2. Hirte: Wer fragt denn schon nach uns?!

3. Hirte: Darum müssen wenigstens wir zusammenhalten.

1. Hirte:	Ganz gleich, ob die Nacht kalt ist oder warm.
4. Hirte:	Ja, so ist es. Das leuchtet mir ein.
2. Hirte:	Was habt ihr heute so mitbekommen?!
4. Hirte:	Ich habe gehört, dass in Bethlehem viel Trubel ist.
1. Hirte:	Eine Volkszählung treibt Menschen in die Stadt.
3. Hirte:	Da bleiben wir besser hier bei unseren Schafen.
4. Hirte:	Alle Herbergen sind voll bis unters Dach.
1. Hirte:	Ein Paar übernachtet in unserem Stall am Rande der Stadt.
3. Hirte:	Was, sie haben keine Unterkunft in der Herberge bekommen???
2. Hirte:	Soweit sind wir schon, dass Menschen draußen bleiben müssen.
4. Hirte:	Es spricht nicht gerade für eine warmherzige Welt.
3. Hirte:	Jeder denkt nur an sich. Wen kümmert so ein Paar?!
1. Hirte:	Das Paar erwartet ein Kind. Vielleicht noch in dieser Nacht.
2. Hirte:	Aus diesem Kind könnte einst ein guter Hirte werden.
3. Hirte	Ein guter Hirte, der ein Herz für die Menschen hat.
1. Hirte:	Ein guter Hirte, der Menschen Kraft und Güte schenkt.
4. Hirte:	Bei diesem Gedanken wird es mir ganz warm ums Herz.
● *Lied:*	Himmelslicht *(Text und Noten rechts oben)*
Kleiner Engel:	Aus dem Himmel herab schauen Engel auf die Erde und machen sich ihre Gedanken über unsere Welt.

Kommet und sehet! – Krippenspiel-Musical

Himmelslicht　　　　　　　　　　Text und Musik: © Kurt Rainer Klein

2. Wer hilft dir, wenn du mal einen Rat brauchst?
Wer schenkt deinem Ohr ein Wort, das dich heilt?
Wer schenkt dir Zeit, um dich auch zu verstehn?
Wer schenkt dir Liebe, die dich fröhlich macht? *Refrain*

3. Wo ist der, der dich umsorgt, dich beschützt?
Wo ist der, der deine Hand fest umschließt?
Wo ist der, der ein guter Hirte ist?
Wo ist der, der das Leben mit dir teilt? *Refrain*

6. Szene: Engel im Himmel

(Drei Engel im Himmel, z. B. auf der Kanzel, schauen auf die Erde.)

1. Engel:	Auf Erden bleiben meist die bescheidenen Menschen auf der Strecke.
2. Engel:	Alle schauen immer nur auf die Mächtigen und Reichen dieser Welt.
3. Engel:	Wer nimmt schon die einfachen und armen Mitmenschen in den Blick?
1. Engel:	In bescheidenen Verhältnissen bleiben auch die Ereignisse bescheiden.
2. Engel:	Weltgeschichte schreiben doch nur die Großen und Einflussreichen.
3. Engel:	Unseren Blick den Unbedeutenden zuwenden, das wäre eine andere Perspektive.
1. Engel:	In der Tat! Es müsste etwas Weltbewegendes im Unbedeutenden passieren.
2. Engel:	Genau: an einem unbedeutenden Ort, bei unbedeutenden Menschen.
3. Engel:	Das würde das ganze Weltgeschehen einfach auf den Kopf stellen!
1. Engel:	Abseits der Macht und Mächtigen.
2. Engel:	Jenseits aller Erwartungen und Voraussagen.
3. Engel:	Mitten im Normalen und Alltäglichen.
1. Engel:	Dann müsste es schon ein wahrhaft göttliches Geschehen sein.
2. Engel:	Ja, das für alle Menschen eine große Bedeutung haben kann.
3. Engel:	Das aber klein und unscheinbar daherkommt.
1. Engel:	Was könnten wir dazu beitragen und den Menschen Gutes tun?

Kommet und sehet! – Krippenspiel-Musical

2. Engel: Wir könnten es den Menschen mitteilen.

3. Engel: Aber welchen Menschen wollen wir die Botschaft kundtun?

1. Engel: Einfachen Menschen selbstverständlich!

2. Engel: Den Hirten auf den Feldern Bethlehems.

3. Engel: Ehre sei Gott im Himmel und Frieden den Menschen auf Erden!

Fürchtet euch nicht!

Text und Musik: © Kurt Rainer Klein

Vorspiel/Zwischenspiel:

1. Engel zur Nacht kommen ganz sacht mit ihrer Botschaft und künden den Hirten.
Himmlisches Wort an dunklem Ort hören die Hirten und machen sich auf.

Refrain: Fürchtet euch nicht, Friede sei mit euch! Hört auf das Wort, gehet und sehet!

2. Jetzt ist die Zeit, seid ihr bereit,
euer Herz zu öffnen und die Welt neu zu sehn. *Refrain*

3. Habt ihr bedacht, Geld oder Macht
sind unbedeutend und bringen euch kein Glück. *Refrain*

Kleiner Engel: In fernem Lande wurden gelehrte Männer auf den hellen Stern am Himmel aufmerksam und fragen nach dessen Bedeutung.

7. Szene: Drei Weise im fernen Lande
(Die drei Weisen stehen nachts draußen und schauen zum Himmel.)

1. Weiser: Seht nur, ein neuer Stern am Firmament ist aufgegangen.

2. Weiser: Er leuchtet heller und klarer als alle anderen Sterne am Himmelszelt.

3. Weiser: Dieser wunderbare Stern ist nicht zu übersehen.

1. Weiser: Was hat das nur zu bedeuten?

2. Weiser: Es ist ein Zeichen.

3. Weiser: Doch wofür? Was will dieser Stern uns zeigen?

1. Weiser: Seit Alters her wissen unsere Vorfahren, solche Zeichen zu deuten.

2. Weiser: Der Stern ist ein Zeichen für ein besonderes Geschehen auf Erden.

3. Weiser: Nur welches Geschehen mag damit gemeint sein?

1. Weiser: Ich kenne die Weissagungen des alten Propheten Jesaja.

2. Weiser: Du meinst diesen Jesaja aus dem Lande Palästina?!

3. Weiser: Was sagt er? Kann er uns weiterhelfen?

1. Weiser: Er spricht von einem Kind, einem neuen König, einem neuen Herrscher.

2. Weiser: Ein Kind? Eine neuer König? Eine neuer Herrscher?

Kommet und sehet! – Krippenspiel-Musical

3. Weiser: Du meinst, der Stern deutet die Geburt eines Kindes, eines neuen Königs, an?

1. Weiser: Wunder-Rat, Gott-Held, Ewig-Vater, Friede-Fürst nennt ihn Jesaja.

2. Weiser: Dann lasst uns aufbrechen. Lasst uns gehen und sehen.

3. Weiser: Der Stern zeigt uns den Weg zu diesem Kind.

Heller Stern, geh voran!   Text und Musik: © Kurt Rainer Klein

2. Seht, am Himmelszelt, da findet sich ein neuer Stern.
Wer kann seine Botschaft heut' verstehn?
Weise aus dem Morgenland, die haben ihn gesehn,
suchen seine Botschaft zu verstehn. *Refrain*

3. Seht, am Himmelszelt, da findet sich ein neuer Stern,
der auf einen neuen König weist.
Weise aus dem Morgenland, die haben ihn gesehn,
machen sich nun auf den Weg zu ihm. *Refrain*

| Kleiner Engel: | Im Stall zu Bethlehem ist der Heiland zur Welt gekommen. Hirten von nah und Weise von fern eilen herbei, um das Kind zu sehen und anzubeten. |

8. Szene: Im Stall von Bethlehem

((Maria und Josef sitzen nebeneinander an der Krippe im Stall.)

Maria:	Wir haben keinen Raum in der Herberge gefunden.
Josef:	Wenigstens ein Dach über dem Kopf haben wir hier.
Maria:	In diesem Stall ist unser Kind zur Welt gekommen.
Josef:	Sieh nur, in einer Krippe liegt es auf Heu und auf Stroh.
Maria:	Und doch geschah diese Geburt unter einem guten Stern.
Josef:	Unter diesem Stern von Bethlehem hat unser Kind das Licht der Welt erblickt.

(Während die Musik beginnt und gesungen wird, kommen zuerst die Hirten, dann die Weisen in den Stall. Die Hirten verbeugen sich vor der Krippe. Die Weisen legen ihre Geschenke vor die Krippe. Die Engel gesellen sich im Hintergrund dazu.)

In einem Stall

(Noten und 1. Strophe s. rechte Seite)

2. So kommen Hirten froh nach Bethlehem,
sie schauen in den Stall.
Der Engel sprach es aus: Ehre sei Gott
und Fried auf Erd bei seinen Menschen all.

3. Die Weisen finden auch nach Bethlehem
von fernem Lande her.
Der Stern erleuchtet hell und zeigt den Weg
zum Jesuskind, dem Friedefürst der Welt.

| Kleiner Engel: | Passt auf, was nun geschieht und macht euch euren eigenen Reim auf diese Geschichte. Kommet und sehet! |

Kommet und sehet! – Krippenspiel-Musical

Text und Musik: © Kurt Rainer Klein

9. Szene: Machen wir uns auf zu dem Kind!

(Unter den Zuschauern erheben sich zwei Spieler/innen und sprechen provokativ zum Publikum.)

1. Zuschauer: Seit Jahrtausenden fasziniert uns diese einfache Geschichte.

2. Zuschauer: Einfache Geschichte sagst du. Es ist eine ungeheuerliche Geschichte!

1. Zuschauer: Was ist an dieser Geschichte denn so ungeheuerlich? Ein Paar bekommt ein Kind wie viele andere damals und heute. Und Neugierige kommen zu dem Stall, weil sie es sehen wollen.

2. Zuschauer: Es ist eine ungeheuerliche Geschichte, weil ein fremdes Paar keine Unterkunft bekommt und ihr Kind draußen in einem Stall zur Welt kommt.

1. Zuschauer: Einfacher kann es einfachen Menschen doch wahrlich nicht gehen in dieser einfachen Geschichte.

2. Zuschauer: Es ist auch deshalb eine ungeheuerliche Geschichte, weil der König dieser Welt nicht in einem Palast, sondern an einem unscheinbaren Ort in einem Stall das Licht der Welt erblickt.

1. Zuschauer: Einfach süß diese Geschichte mit einem tollen Happy-End.

2. Zuschauer: Ist es nicht auch deshalb eine ungeheuerliche Geschichte, weil Gott darin Mensch wird, wie es niemand von uns erwartet hat und niemand so richtig verstehen kann?!

1. Zuschauer: Einfach genial, meinst du?! Da hast du wohl recht!

2. Zuschauer: Diese ungeheuerliche Geschichte lädt uns ein, selbst aufzubrechen, um mit eigenen Augen zu sehen.

1. Zuschauer: Jawohl. Steht alle auf und werft einen Blick auf das Kind in der Krippe!

2. Zuschauer: Lasst euch von dieser ungeheuerlichen Geschichte berühren.

Auf, wir geh'n nach Bethlehem

(Noten und 1. Strophe s. rechte Seite)

2. Könnt ihr das verstehn? Lasst uns einfach gehn!
Jesus ist geborn, er ist auserkorn,
liegt auf Heu und Stroh, darum sind wir froh.
Gott kommt hier zur Welt, Menschsein ist was zählt. *Refrain*

3. Seid ihr nun bereit, offen und gescheit?
Macht euch auf den Weg, es ist nie zu spät.
Weise sind auch da, Hirten von ganz nah,
mit dem Herz dabei, ungezwungen frei. *Refrain*

Kommet und sehet! – Krippenspiel-Musical **65**

Text und Musik: © Kurt Rainer Klein

Ganz zum Schluss:

Kleiner Engel: Nehmt diese Geschichte in euren Herzen mit und erzählt weiter, was ihr gehört und gesehen habt. In einem Kind ist Gott Mensch geworden.

Wer gehört zum Stall von Bethlehem?
Familiengottesdienst

Martin Haßler und Karl August Vedder

Vorbemerkungen

Zum Text
Maria und Josef und das Jesuskind, die gehören selbstverständlich zum Stall von Bethlehem. Aber eine Maus und der Mann, der Josef und Maria keine Herberge anbieten wollte, gehören die auch dazu? Und wie ist es mit Leuten, die im Streit mit anderen liegen? Was ist mit uns selbst?
Im Symbol des Sterns mit acht Zacken wird deutlich, dass auch wir – dass alle zum Stall von Bethlehem kommen dürfen. Maria, Josef und vor allem das Jesuskind erwarten uns schon.

Zur Aufführung
Dieses Stück kann mit zwei Sprecher/innen erzählt werden. Wer mehr Personal hat, kann weitere Sprecher / Akteure, über die sonst »nur« von den beiden erzählt wird, miteinbeziehen.
Im Verlauf des Stückes entsteht im Altarraum in der Nähe der Krippe und gut sichtbar vor der Gemeinde ein Bild: ein gelber Stern aus acht Zacken.
Jeder Zacken ist ca. 60 cm lang (je größer desto besser). Dieser Stern braucht einen dunklen Untergrund: Wir hatten eine schwarze Wand (eine Magnetstellwand mit schwarzer Pappe bezogen) zur Verfügung, auf der wir die einzelnen gelben Zacken aufgeklebt hatten. Die Konstruktion dieser Zacken braucht etwas Zeit.
Bis zum Ende der Erzählung füllt sich der Stern. Er hat schließlich sieben Zacken. Die Pointe liegt darin, zu überlegen, woher der achte Zacken kommen könnte.
Zu Beginn des Gottesdienstes bekommen alle Teilnehmer dazu einen gelben Zettel in der Form eines Sternzackens: Darauf sind der Titel des Gottesdienstes, ein achtzackiger Stern (ein Zacken fehlt jedoch!) und alle Liedtexte abgedruckt.
Der Liedzettel muss nicht die gleiche Größe wie der Stern im Altarraum haben. Die »Lösung« wird auch so verstanden. Auch die Herstellung des Liedzettels braucht etwas Zeit.
Vor Beginn des Gottesdienstes konnte jedes Kind seinen Namen auf den Zettel schreiben (lassen) und zwar genau in die »Leerstelle« des Sterns. Das braucht ausreichend Mitarbeiter.
Man kann die Liedzettel zusätzlich lochen. Durch das Loch wird ein Wollfaden gezogen, damit die Kinder den Zettel umhängen können. So kommt er sicher nach Hause (zum Nacherzählen).

Personen

1. u. 2. Sprecher/in
Mitarbeiter/innen für die Schreibaktion mit den Kindern

Begrüßung und Einführung

Heute Abend feiern wir Gottesdienst. Wir feiern die Geburt eines Kindes. Hier vorne könnt ihr die Krippe sehen. Sie erinnert an unser Geburtstagskind: Jesus, ein kleines Menschenkind. Jesus, unser Retter. In einer kleinen Hütte, in einem Viehstall in Bethlehem, hat ihn seine Mutter geboren.

Wer gehört zum Stall von Bethlehem?

Anspiel

1. Sprecher/in: Heute Abend wollen wir an seine Geburt erinnern. Und überlegen, was uns Erwachsenen und uns Kindern das bedeuten kann. Dazu müssen wir dem Stall von Bethlehem etwas näher kommen.
Darum lasst uns das erste Lied singen:

● *Lied:* Ihr Kinderlein kommet (DS 158; EG 43; LJ 44)

(1. und 2. Sprecher/in treten auf. Eine Verkleidung für sie ist möglich, aber nicht zwingend.)

1. Sprecher/in: Stellt euch vor: Wir kommen gerade aus Bethlehem. Das war schön. Mensch, das müssen wir euch erzählen. Wir waren ja dabei. Also: Zuerst war da der Josef.
(1. Stern-Zacken auf die schwarze Fläche kleben.)
Ich hab gleich gesehen: Der ist nicht von hier. Der kommt von weiter weg. Der wohnt hier ja gar nicht. Der Josef ist durch das ganze Dorf gelaufen und hat die Leute von Bethlehem gefragt: »Habt ihr vielleicht ein Zimmer für mich und meine Frau? Wir müssen doch irgendwo übernachten!«
Der hat sich vielleicht abgemüht. In ganz Bethlehem war kein Platz für Josef und seine Frau. Niemand wollte ihnen einen Schlafplatz anbieten. »Ganz schön gemein«, dachte ich.

2. Sprecher/in: Und dann haben wir die Maria gesehen, die Frau von Josef.
(2. Zacken ankleben)
Und da war mir klar, warum die beiden so verzweifelt waren: Die Maria bekommt nämlich ein Baby. Das konnten alle an ihrem dicken Bauch sehen. Die Maria konnte sich vor Erschöpfung kaum auf den Beinen halten. Und darum sind die beiden in einen Viehstall gegangen, weil keiner Platz für sie hatte.

1. Sprecher/in: Tja, nach ein paar Stunden habe ich gedacht: ich schau mal vorsichtig nach, wie es denen geht. Ist doch ganz schön kalt! Und dann sind wir hin zum Stall *(3. Zacken ankleben.)* und da haben wir gestaunt: Mensch, da sitzt der Josef, da liegt die Maria. Und vor ihnen, in einem alten Futtertrog, einer Krippe: Da liegt ein Baby. Das ist Jesus. So ist der auf die Welt gekommen.
Ich hab gestaunt. Und gedacht: Warum ist es plötzlich so hell hier? Es ist doch Nacht. Und dann hab ich gesehen: Da war ein Stern. Der hatte bloß drei Zacken. Aber der leuchtete hell über dem Viehstall und schien herein.

● *Kinder(chor):* Ich steh an deiner Krippen hier (EG 37, GL 141, LJ 42)

2. Sprecher/in: Wir beide, wir standen am Fenster. Und wir sahen: das Jesuskind, Josef und Maria und den Stern mit den drei Zacken. Aber dann kamen noch mehr Leute.
Zuerst von weit draußen, vom kalten Feld: Das waren Hirten. *(4. Zacken ankleben.)* Keine feinen Leute. Die rochen nach Arbeit und nach Schaf. Lesen und schreiben konnten die auch nicht. Die schauten stumm durch die Tür:»Stimmt das?« – »Ist hier Jesus geboren?« – »Der Retter für uns Menschen?« Dann haben sie das Kind entdeckt und sich vorsichtig um die Krippe gesetzt und sich leise gefreut.

1. Sprecher/in: Und dann wurden alle plötzlich still:»Horcht mal: Was raschelt da so?« – »Da hinten in der Ecke.« – »Das ist ja eine Maus.« Sonst ist das so, dass sich kaum eine Maus zu den Menschen raustraut. Die Leute werfen mit Steinen nach ihr. Oder sie versuchen, die Mäuse zu fangen:»Die machen den Stall kaputt«, sagen sie. Aber jetzt hat keiner was gesagt. Die Maus kam *(5. Zacken ankleben)* einfach aus ihrem Versteck und ist zu den Hirten gekrabbelt. Einer von den Hirten hat ihr sogar ein Stück Brot zugeworfen.

2. Sprecher/in: Ja, und dann kam einer an die Tür, den kannte ich nicht. »Schau mal. Ist der groß! Und so schüchtern.« *(6. Zacken ankleben.)*
»Tut mir leid«, hat der große Mann gesagt. Dann stand er mitten in der Tür.
»Ach«, sagte Josef, »du bist doch einer von denen, die keinen Platz hatten für Maria und mich. Komm rein und setz dich dazu.«
»Es ist nur«, sagte der Mann, »draußen leuchtet ein Stern über dem Stall. Er hat genau sechs Zacken. Darum ist es ziemlich hell. Dabei war es doch gerade noch tiefe Nacht.«

● *Lied:* Weil Gott in tiefster Nacht erschienen (EG 56, EH 194, LJ 54)

1. Sprecher/in: Da waren wir nun im Stall in Bethlehem: Jesus, Maria und Josef, die Hirten, die Maus und der Mann, der für Maria und Josef keinen Platz gehabt hatte.
Und natürlich der Stern, mit den sechs Zacken.
Plötzlich sagte eine helle Stimme:»Was ist denn hier los? Ich kann ja gar nicht schlafen. So viele Leute hier.«
»Wieder jemand Fremdes«, dachte ich. *(7. Zacken ankleben.)*

Wer gehört zum Stall von Bethlehem? **69**

»Wo kommt die denn her? Woher kommst du?«, fragte ich.
»Ich«, sagte die Frau, »ich halte es zu Hause nicht mehr aus. Mein Mann und ich, wir streiten uns immer, und um die Kinder streiten wir uns besonders. Ich halte das nicht mehr aus.«
Da hat die Maria gelächelt und gesagt: »Komm rein. Hier drinnen ist es nicht so kalt.«
Als die Frau hineingeht, merke ich: Da, der Stern, der ist ja noch größer geworden: Jetzt hat er schon sieben Zacken!

2. Sprecher/in: Noch ein Zacken fehlt: Dann ist der Stern ganz hell und komplett. Darum sind wir jetzt hier zu euch gekommen: Wer gehört denn noch dazu? Wer darf zur Krippe kommen?
(Mögliche Reaktionen abwarten.)

1. Sprecher/in: Du, ich glaub' das ist ganz einfach: Die Kinder hier (und die Erwachsenen auch) haben alle einen Zacken von diesem Stern dabei!

2. Sprecher/in: Mensch, das stimmt ja. Du meinst: Alle dürfen nach Bethlehem in den Stall kommen?

1. Sprecher/in: Ja. Alle dürfen in den Stall kommen, damals und heute.
Alle gehören zur Krippe dazu!

(Nun haben wir einzelne Kinder und Erwachsene gebeten, ihren Zacken, s. Liedzettel, für alle sichtbar in die Lücke des Sternes zu halten, sodass der Stern komplett wurde. So wurde das »du gehörst dazu« noch einmal vertieft.)

● *Lied:* Stern über Bethlehem, zeig uns den Weg (DS 166; EG RT; KigoLo 227; LJ 326 – Strophen 1+2)

Gebet

● *Lied:* Stern über Bethlehem, zeig uns den Weg (DS 166; EG RT; KigoLo 227; LJ 326 – Strophen 3+4)

Segen

● *Lied:* Vom Himmel hoch (EG 24; GL 138 – mit 1. Strophe: Es kam ein Engel hell und klar – LJ 32)

Wo steht der Stall von Bethlehem?

Ilse Bauch

Vorbemerkungen

Zum Text
In diesem Weihnachtsspiel erzählt und deutet eine Großmutter ihren Enkelkindern die Weihnachtsgeschichte, während gleichzeitig das Geschehen dargestellt wird. Mithilfe des Spiels vom Stall zu Bethlehem soll deutlich gemacht werden, dass Weihnachten hier bei uns geschieht, und dass wir selbst uns in der Weihnachtsgeschichte wiederfinden als die armen Hirten und die suchenden Weisen.

Zur Aufführung
Die Rolle der Großmutter wurde bei uns von einer 77-jährigen Dame gespielt, kann aber natürlich auch von einer Jugendlichen übernommen werden. Da die Zahl der Engel und Hirten nicht feststeht, können alle Kinder einer Klasse oder Gruppe mitmachen. Das Spiel wurde bei uns auf der Bühne eines Gemeindesaals aufgeführt.
Die Spieler, die gerade nicht »dran« waren, standen hinter einer Filmleinwand, die wir seitlich auf der Bühne aufgestellt hatten. Dahinter standen sie auch, als sie das Lied »Geht, ruft es auf dem Berge« sangen.
Die Kleidung unserer Hirten bestand aus Rupfensäcken. Die Schriftgelehrten hatten lange Gewänder an und trugen als Kopfbedeckung ein Tuch, das mit einer Kordel gehalten wurde.

Personen

Großmutter	Josef	die Hirten
drei Enkelkinder	Wirt	die Weisen
Bote	Verkündigungsengel	Herodes
Maria	Engelschar	einige Schriftgelehrte

Requisiten

Krippe	Glocke für den Boten	Stern
Lehnstuhl	Kerze	Gaben der Weisen
drei Kinderstühle	Feuer der Hirten	passende Kostüme (s.o.)

(Im Hintergrund steht in der Mitte die Krippe, vorne links ein Lehnstuhl und drei Kinderstühlchen. – Die Gestalten der Weihnachtsgeschichte deuten durch Gesten das Geschehen an. – Großmutter und Enkelkinder kommen.)

1. Kind: Großmutter sieh mal, da steht eine Krippe! In so einer Krippe lag doch das Jesuskind?

Großmutter: Ja, Kind, in so einer Krippe lag es.

2. Kind: Ach, Großmutter, erzähl uns doch noch einmal, wie der Heiland geboren wurde.

Wo steht der Stall von Bethlehem?

3. Kind:	Ja bitte, erzähl uns die Geschichte!
Großmutter:	Also gut. Aber erst müsst ihr euch schön zu mir setzen. – Jetzt können wir beginnen: Vor fast 2000 Jahren regierte in Rom der Kaiser Augustus. Er herrschte über ein großes Weltreich. Auch das jüdische Land gehörte zu diesem Reich. Eines Tages befahl der Kaiser, dass eine große Volkszählung stattfinden sollte. Er sprach: »Ich will genau wissen, wie viele Menschen mir Steuern zahlen müssen.« Darum zogen die Boten des Kaisers durch alle Teile seines Reichs und verkündeten den Befehl des Herrschers. Auch in das jüdische Land kam ein Bote – eines Tages auch in die kleine Stadt Nazareth. *(Der Bote tritt auf und läutet mit einer Glocke.)* Dort wohnte der Zimmermann Josef mit –
3. Kind:	Ich weiß, mit der Maria, die die Mutter des Jesuskindes werden durfte!
Großmutter:	Ja, mit Maria. *(Josef und Maria kommen.)* Josef und Maria hörten, was der Bote sprach:
Bote:	Jeder muss in seine Heimatstadt ziehen und sich dort melden und schätzen lassen. So will es der Kaiser!
Großmutter:	Ganz erschrocken sahen sich Maria und Josef an. Gerade jetzt sollten sie sich auf eine tagelange Wanderung machen, wo doch bald ihr Kind geboren werden sollte! Aber gegen den Befehl des Kaisers war nichts zu machen. *(Bote, Maria und Josef ab.)* So packte Maria alles für die Reise, und sie steckte noch vorsorglich ein paar Windeln in das Reisebündel. Es konnte ja sein, dass ihr Baby unterwegs zur Welt kam! – Und dann wanderten Maria und Josef, wie viele andere, zu ihrem Heimatort.
1. Kind:	Nach Bethlehem! *(Maria und Josef kommen.)*
Großmutter:	Am Abend des dritten Tages pochte Josef an die Tür der Herberge in Bethlehem.
Josef:	*(Er klopft, der Wirt erscheint.)* Lass uns ein!
Wirt:	Es ist kein Platz in der Herberge.

Großmutter:	Die ganze Herberge war überfüllt. Darum machte der Wirt schnell wieder die Tür zu, als Josef und Maria auch noch Einlass begehrten. Aber Josef klopfte noch einmal.
Josef:	*(klopft)* Lass uns ein!
Wirt:	Es ist kein Platz in der Herberge.
Großmutter:	Wieder bat Josef den Wirt. Aber wieder wurden sie energisch abgewiesen. Doch weil Josef gar nicht ging, schickte sie der Wirt schließlich zu dem kleinen, alten Stall, *(Der Wirt deutet zur Krippe.)* in dem nichts stand als eine Futterkrippe mit ein wenig Heu und Stroh. Dorthin gingen nun Josef und die müde Maria. *(Josef und Maria setzen sich hinter die Krippe.)* Es wurde Nacht in Bethlehem. Eine Nacht wie jede andere. Und doch eine ganz besondere Nacht. Denn in dieser Nacht wurde in dem kleinen, alten Stall der Heiland geboren. *(Ein Engel zündet die Kerze an der Krippe an.)* Maria wickelte ihr Kind in Windeln und legte es in die Futterkrippe.

(Maria und Josef singen und gehen danach ab.)

● *Lied:* Zu Bethlehem geboren (DS 156, EG 32, GL 140, LJ 37, 1. + 2. Strophe)

2. Kind:	Großmutter, wo steht der Stall von Bethlehem?
Großmutter:	Kind, der Stall von Bethlehem steht überall da, wo Menschen Gottes Hilfe brauchen.
1. Kind:	Auch bei uns?
Großmutter:	Auch bei uns.

● *Lied:* *(Alle singen nach der Melodie »Vom Himmel hoch, da komm ich her ...«.)*
Bethlehems Stall steht immer da,
wo Unrecht, Not und Leid geschah.
Wo Kummer, Sorg und Tod zuhauf,
tut sich die Tür des Stalles auf.

1. Kind:	Aber die Krippe, Großmutter, wo steht denn die Krippe?
Großmutter:	Ja, wo steht die Krippe? Schau, Kind, die ganze Welt ist die Krippe des Heilands, weil er überall bei uns ist.

Wo steht der Stall von Bethlehem?

● *Lied:* *(Alle singen nach der Melodie »Vom Himmel hoch, da komm ich her ...«.)*
    Obgleich wir's wahrlich niemals wert,
    wird doch ein jeder Ort auf Erd
    zur Krippe unsers Herren Christ,
    weil er uns allen nahe ist.

1. Kind: Erzähl weiter, Großmutter!

Großmutter: Draußen vor den Toren von Bethlehem hatten Schafhirten ihre Pferche aufgestellt und hüteten ihre Herden in der Nacht. *(Die Hirten kommen und setzen sich.)*
Sie hatten es schwer, diese Hirten. Ihre Arbeit war sehr hart. Und nicht nur das! Die Leute hielten sie für unehrlich und verachteten sie deshalb, und was sie sagten, glaubte ihnen keiner. Kalt und dunkel war die Nacht. An einem kleinen Feuer wärmten sich die Hirten. Plötzlich schreckten sie auf.
(Der Verkündigungsengel erscheint.) Ein großer Engel stand vor ihnen, und helles Licht von Gott leuchtete um sie. Da fürchteten sich die Hirten sehr. Der Engel sah ihre Furcht und sprach zu ihnen:

Verkündigungsengel:
    Fürchtet euch nicht!
Siehe, ich verkündige euch große Freude, die allem Volk widerfahren wird; denn euch ist heute der Heiland geboren, welcher ist Christus, der Herr, in der Stadt Davids.
Und das habt zum Zeichen: ihr werdet finden das Kind in Windeln gewickelt und in einer Krippe liegen. *(Engelscharen kommen.)*

Großmutter: Und auf einmal war der ganze Himmel voller Engel, die lobten Gott und sprachen:

Engelscharen: Ehre sei Gott in der Höhe und Frieden auf Erden und den Menschen ein Wohlgefallen. *(Die Engel ziehen weg.)*

2. Kind: Ach, Großmutter, den Gesang der Engel möchte ich gerne auch einmal hören!

Großmutter: Überall, wo Gott die Menschenherzen bereit macht, da wird auch heute noch die Botschaft des Engels gehört und der Lobgesang der Engelscharen vernommen.

● *Lied:* *(Alle singen nach der Melodie »Vom Himmel hoch, da komm ich her ...«.)*
Macht Gott uns unser Herz bereit,
so hör'n wir auch in unsrer Zeit
der Engel tröstlich: »Fürcht' euch nicht,
heut aller Welt groß Freud geschieht.«

Großmutter: Als die Engel verschwunden waren, sahen die Hirten einander ganz erstaunt an. Auf einmal sprangen sie auf und redeten untereinander.

Hirten: Lasst uns nun gehen nach Bethlehem und die Geschichte sehen, die da geschehen ist, die uns der Herr kundgetan hat!

Großmutter: Eilig machten sie sich auf den Weg. Überall suchten sie nach dem Kindlein. Auf einmal sahen sie ein Licht in dem alten Stall in der Nähe der Herberge.
(Maria und Josef setzen sich hinter die Krippe.)
Und richtig, als sie leise die Tür öffneten, da fanden sie Maria und Josef und das Kind in der Krippe liegen.
(Die Hirten treten zur Krippe.)
Betend standen die Hirten um die Krippe. Sie konnten es kaum fassen, dass wirklich der Heiland geboren war, und dass sie, die verachteten, einfachen Hirten die Ersten waren, die Gottes Botschaft erreichte, und die den Heiland sehen durften.
Als die Hirten das Kind gesehen hatten, da war ihre Freude so groß, dass sie allen Menschen, denen sie begegneten, vom Heiland erzählen mussten.

(Die Hirten wenden sich zu den Zuschauern und singen beim folgenden Lied jeweils die Worte mit: »Jesus ist gebor'n!«)

● *Lied:* *(Alle singen nach der Melodie von »Geht, ruft es von den Bergen ...«, LJ 322)*
Geht, ruft es auf dem Berge, über die Hügel weit ins Land.
geht, ruft es auf dem Berge: Jesus ist gebor'n!
Den Hirten bei den Schafen erschien ein Engel klar.
Er sprach: Ihr sollt nicht schlafen, das sag ich euch fürwahr!

Geht, ruft es auf dem Berge, über die Hügel weit in das Land.
Geht, ruft es auf dem Berge: Jesus ist gebor'n!
Wollt ihr das recht verstehen, zu Bethlehem zieht ein;
ein Kindlein könnt ihr sehen in einem Krippelein.

Wo steht der Stall von Bethlehem?

                 Geht, ruft es auf dem Berge, über die Hügel weit in das Land.
                 Geht, ruft es auf dem Berge: Jesus ist gebor'n!
                 Die Hirten zu der Stunden machten sich auf die Fahrt;
                 das Kindlein sie bald funden mit seiner Mutter zart.
                 (Außer der Großmutter und den Kindern gehen alle ab.)

1. Kind: Das war schön, Großmutter!

3. Kind: Du, Großmutter, wie ist das, kommt der Heiland für alle Menschen?

Großmutter: Jawohl, für alle.

2. Kind: Woher weißt du das?

Großmutter: Es wird uns in der Weihnachtsgeschichte erzählt.

1. Kind: Kannst du uns davon auch noch erzählen?

Großmutter: Weit fort im Morgenland lebten Sterndeuter. Weise nannte man sie. Sie wussten noch nichts von Gott. Aber Gott schickte ihnen einen ganz hellen, leuchtenden Stern, der sollte sie zur Krippe führen.
Als die Weisen den Stern sahen, sprachen sie: »So ein Stern steht nur am Himmel, wenn ein ganz großer König geboren ist. Wir wollen dem Stern nachziehen und den neugeborenen König anbeten.« –
Nach einer mühseligen Reise kamen sie nach Jerusalem.
(Herodes und die Weisen treten auf.)
Dort fragten sie den König Herodes:

Die Weisen: Wo ist der neugeborene König der Juden? Wir haben seinen Stern gesehen im Morgenland und sind gekommen, ihn anzubeten.

Großmutter: Da erschrak der König Herodes. Er dachte: Ich bin der König, und ich bleibe es. Da darf es keinen neuen König geben. Herodes ließ die Schriftgelehrten kommen
(Die Schriftgelehrten treten auf.) und fragte sie:

Herodes: Wo soll der Christus geboren werden, auf den ihr wartet?

Großmutter: Die Schriftgelehrten antworteten:

Ein Schriftgelehrter:
: Zu Bethlehem im jüdischen Lande; denn also steht geschrieben durch den Propheten Micha: Und du Bethlehem im jüdischen Lande bist mitnichten die Kleinste unter den Städten in Juda; denn aus dir soll mir kommen der Herzog, der über mein Volk Israel ein Herr sei. *(Die Schriftgelehrten gehen ab.)*

Großmutter: Da wies Herodes die Weisen nach Bethlehem und sprach:

Herodes: Ziehet hin und forschet fleißig nach dem Kindlein; und wenn ihr's findet, so sagt mir's wieder, dass ich auch komme und es anbete. *(Herodes und die Weisen gehen ab.)*

3. Kind: Oh, das war gelogen! Er wollte ja das Jesuskind töten!

Großmutter: Ja, aber Gott behütete das Kind. –
Weil nicht einmal der König von dem Kind wusste, machten sich die Weisen auf den Weg. *(Der Sternträger stellt sich hinter die Krippe. Maria und Josef setzen sich hinter die Krippe.)*
Aber unterwegs sahen sie plötzlich wieder den Stern. Er stand gerade über einem kleinen Stall in Bethlehem. Da kam eine große Freude in ihr Herz. Sie waren sich nun ganz sicher: Dort in dem Stall finden wir das Kindlein, den neugeborenen König, den Heiland der Menschen. *(Die Weisen kommen zur Krippe.)*
Und sie gingen in das Haus, und sie fanden das Kind und Maria, seine Mutter. Und sie knieten nieder, beteten das Jesuskind an und schenkten ihm Gold, Weihrauch und Myrrhe.
(Außer der Großmutter und den Kindern gehen alle ab.)
Gott hat die armen verachteten Hirten und die suchenden Weisen, die ihn nicht kannten, zur Krippe geführt.

3. Kind: Weil der Heiland für alle geboren ist. Jetzt weiß ich es.

2. Kind: Die Hirten und die Weisen gibt es die heute noch?

Großmutter: Wir alle hier sind die sorgenbeladenen Hirten und die suchenden Weisen, für die Jesus gekommen ist.

● Lied: *(Alle singen nach der Melodie »Vom Himmel hoch, da komm ich her ...«.)*
: Beladen voller Sorgen schwer,
so kommen wir zur Krippe her.
Das suchend Herz erst Ruhe findt
anbetend vor dem Jesuskind.

Wo steht der Stall von Bethlehem?

1. Kind: Aber der Stern, Großmutter, was war mit dem Stern?

Großmutter: Der Stern, der uns heute zur Krippe führt, ist das Wort von der Gnade und Liebe Gottes. Dieses Wort zeigt uns den Weg zum Heiland.

● *Lied:* (Alle singen nach der Melodie »Vom Himmel hoch, da komm ich her ...«.)

Der schöne Stern, 's ist Gottes Wort,
steht leuchtend auch an unserm Ort,
er weist mit seinem hellen Schein
zur Krippe und zum Kind hinein.

1. Kind: Dann ist ja Bethlehem bei uns!

2. Kind: Dann ist ja der Heiland bei uns geboren!

3. Kind: Du, Großmutter, verstehst du das? Kannst du das ganz richtig begreifen?

Großmutter: Begreifen? Begreifen können wir Gottes Liebe wohl nie. Aber wir glauben fest an Gottes Liebe, weil er uns den Heiland geschickt hat.
»Wir können das Kind in der Krippe nicht fassen, wir können die Botschaft nur wahr sein lassen!« (Albrecht Goes)

(Die Gestalten der Weihnachtsgeschichte gruppieren sich um die Krippe und singen nach der Melodie von »Alle Jahre wieder ...«, DS 157.)

● *Lied:* Alle Weihnacht wieder freun wir uns so sehr.
Jesus ist geboren, ihn schickt Gott uns her.

Er liegt in dem Stalle auf ein wenig Stroh.
Oh, ihr Menschen alle, singet und seid froh.

Er wird unser Bruder dort im Krippelein,
und wir dürfen wieder Gottes Kinder sein.

Freut euch mit den Hirten und der Engelschar
über Gottes Liebe auch in diesem Jahr.

Ein Stern zeigt uns den Weg
Inken Weiand

Vorbemerkungen

Zum Text
Wie findet man den Weg zum neugeborenen König, zum Retter der Welt? Ganz einfach, man muss nur dem Stern folgen, wie der Elefant. Der Stern führt zum Kind in der Krippe.
Ein einfaches Stück für kleinere Kinder, das die biblische Geschichte von Matthäus 2.1-11 nachspielt.

Zur Aufführung
Vorzubereiten sind entsprechende Verkleidungen für die Spieler/innen, insbesondere für die beiden Tierfiguren (Kamel und Elefant). Gegebenenfalls können die beiden Figuren auch einfach dadurch kenntlich gemacht werden, dass die Spieler/innen je eine entsprechende Tierhandpuppe tragen und damit agieren. Das Kind, das den Stern spielt, trägt einen Stab, an dem ein Stern befestigt ist.

Personen

Erzähler	Elefant	Diener des Herodes
1. Weiser	Kamel	Schriftgelehrter
2. Weiser	Mann	Maria
3. Weiser	Frau	Josef
Diener	König Herodes	

Der Stern (= Kind, das an einem Stab einen Stern trägt.)

Requisiten

Kostüme (besonders f. die Tiere)	drei Fernrohre	Stern
Arbeitsgeräte (z.B. Besen)	Thron f. Herodes	Landkarte
Krippe	Geschenke der Weisen	

1. Szene: Im fernen Morgenland
(Die drei Weisen stehen da, jeder mit einem Fernrohr, und sehen in den Himmel.)

Erzähler: In einem fernen Land leben drei weise Männer. Sie kennen sich mit allen möglichen Wissenschaften und Schriften aus. Besonders interessieren sie sich für die Sterne.

1. Weiser: Da! Der Abendstern!

2. Weiser: Wo?

3. Weiser: Da!

Ein Stern zeigt uns den Weg

2. Weiser: Ja, jetzt sehe ich ihn auch.

(Der Stern tritt auf.)
2. Weiser: Schaut mal da!

1. Weiser: Was?

2. Weiser: Ein neuer Stern!

3. Weiser: Tatsächlich!

1. Weiser: Das hat bestimmt, etwas zu bedeuten. Aber was?
(Er schlägt ein dickes Buch auf.)
Hier steht es. Ein neuer Stern erscheint, wenn ein großer König geboren wird.

2. Weiser: Ein großer König? Den will ich sehen.

1. Weiser: Ich auch.

3. Weiser: Dann lasst uns doch losziehen.

Weise: *(Sie rufen gemeinsam.)* Diener!

Diener: *(Diener laufen herbei.)* Was ist? Was sollen wir tun?

1. Weiser: Koffer packen. Wir gehen auf Reisen. – Aber mein Elefant muss auch mit.

2. Weiser: Und mein Kamel.

Diener: *(Sie bringen Koffer, den Elefanten und das Kamel.)* Alles fertig.

1. Weiser: Dann kann es ja losgehen.

2. Weiser: Aber Moment mal! Wie finden wir denn den König?

3. Weiser: Ganz einfach: Wir müssen nur dem Stern folgen!

Elefant: *(zum Kamel)* Ganz einfach: Nur dem Stern folgen!

Kamel: *(zum Elefanten)* Und unseren weisen Männern folgen!

● *Lied*
(Währenddessen geht der Stern einmal durch den Saal, gefolgt von den drei Weisen, dem Elefanten und dem Kamel sowie den Dienern mit Gepäck.)

2. Szene: An der Grenze nach Judäa

(Zwei oder mehr Menschen, die arbeiten, evtl. mit Besen, Rechen, Stock oder ähnlichem Utensil ausgerüstet.)

Erzähler:	Viele Tage sind die Weisen unterwegs. Und immer folgen sie dem Stern. *(Der Stern kommt, gefolgt von den Weisen samt ihrer Begleiter.)*
Elefant:	*(für sich)* Nur dem Stern folgen!
1. Weiser:	Meine Füße tun mir weh!
Diener:	Mir auch!
2. Diener:	So lange sind wir schon unterwegs.
2. Weiser:	Wo sind wir eigentlich?
3. Weiser:	Da sind Leute, die können wir fragen! *(Er ruft.)* He, Leute! Entschuldigen Sie bitte! Können Sie mir sagen, wo wir hier eigentlich sind?
Mann:	In Judäa.
Frau:	Genau. In Judäa. Da vorne liegt Jerusalem.

(Weise treten zusammen.)

1. Weiser:	Judäa, klar. Römische Provinz. Liegt am Jordan. Hauptstadt Jerusalem.
2. Weiser:	*(Er holt eine Landkarte heraus und deutet mit dem Finger darauf.)* Dann sind wir hier! Und dort ist Jerusalem.
3. Weiser:	Und in Jerusalem ist der König geboren, weil Jerusalem ja die Hauptstadt ist.
Alle Weisen:	*(Sie rufen gemeinsam.)* Auf nach Jerusalem!

Ein Stern zeigt uns den Weg 81

(Der Stern tritt zur einen Seite von der Bühne.)

Elefant: Nur dem Stern folgen! *(Er trottet ohne Halt hinter dem Stern her.)*

Kamel: He, Elefant! Wo willst du denn hin?
(spricht zu sich) Was der wohl hat?
(Es trottet dann hinter den Weisen her, die zur anderen Seite abtreten.)

● Lied *(Während des Liedes geht der Stern durch den Saal, gefolgt vom Elefanten.)*

3. Szene: Im Königspalast
(König Herodes sitzt auf seinem Thron, neben ihm stehen Diener.)

Erzähler: Endlich erreichen die Weisen die Stadt Jerusalem, die Hauptstadt Judäas.

(Die Weisen treten seitlich auf.)

2. Weiser: *(mit Landkarte)* Da sind wir. – Jerusalem. – Jetzt müssen wir nur noch den Königspalast finden.

1. Weiser: *(sieht sich um)*
Was ich mich frage: Wo ist eigentlich mein Elefant?

Kamel: Der ist abgehauen. Hinter diesem Stern her.

3. Weiser: *(zeigt mit dem Finger)* Da vorne! Da ist der Palast! Da müssen wir hin!

Erzähler: Die Weisen gehen zum Palast. Schon bald werden sie bei König Herodes vorgelassen.

Herodes: *(sitzt auf seinem Thron)* Was wollt ihr hier?

1. Weiser: Wir suchen den neugeborenen König.

2. Weiser: Wir sind seinem Stern gefolgt, bis nach Judäa.

3. Weiser: Hier ist doch der Königspalast. Hier muss doch der neugeborene König sein.

Herodes: *(springt erregt auf)* Was?
Hier ist irgendwo ein neugeborener König? Das darf doch wohl nicht wahr sein! Wo ist er?

1. Weiser:	*(zu 2. Weisen)* Komisch benimmt der sich.
2. Weiser:	*(nickt)* Da stimmt etwas nicht.
Herodes:	*(spricht zu sich selbst)* Ich muss ruhig bleiben. Nachdenken. *(Laut)* Man bringe mir einen Schriftgelehrten! *(Diener geht weg, kehrt zurück mit einem Schriftgelehrten.)*
Schriftgelehrter:	*(verbeugt sich)* Was wünschen Eure Hoheit?
Herodes:	Was sagt die Schrift, wo der Messias geboren wird?
Schriftgelehrter:	*(verbeugt sich wieder)* In Bethlehem, Eure Hoheit. In Bethlehem in Ephraim wird der Messias geboren.
Herodes:	Du kannst gehen. *(Er wendet sich den Weisen zu.)* Hört ihr? Ihr müsst nach Bethlehem gehen. Nach Bethlehem in Ephraim. Dort wird der neugeborene König sein.
Alle Weisen:	*(verbeugen sich)* Danke, Herr König.

● *Lied:* *(Während des Liedes gehen die Weisen durch den Raum, mit Kamel und Dienern.)*

4. Szene: Der Stall in Bethlehem

(An einer Seite Maria und Josef mit der Krippe, der Stern, und der Elefant. Auf der anderen Seite treten die Weisen auf mit Kamel und Dienern.)

1. Weiser:	Bethlehem. Das muss da hinten sein.
2. Weiser:	*(mit Landkarte)* Ja, ja, das hier muss Bethlehem sein.
Kamel:	Wo wohl dieser Elefant abgeblieben ist?
3. Weiser:	Sollen wir uns irgendwo erkundigen? *(Sie sehen sich um.)*
1. Weiser:	Schaut mal, da hinten ist der Stern wieder!
2. Weiser:	Unser Stern!
3. Weiser:	Nichts wie hin! *(Sie gehen zur Krippe.)*

3. Weiser:	Das also ist der große König.
1. Weiser:	Wir haben ein paar Geschenke mitgebracht.
2. Weiser:	Für den Retter der Welt. *(Alle drei knien nieder.)*
Maria:	Ja, der Retter der Welt liegt als Baby in einer Krippe.
1. Weiser:	Weit war der Weg, aber wir haben ihn gefunden.
Kamel:	*(Es entdeckt den Elefanten, der neben der Krippe steht.)* Wo kommst du denn her?
Elefant:	Ganz einfach. Ich bin immer nur dem Stern gefolgt.

● *Lied*

Eine sonderbare Nacht

Christoph Püngel

Vorbemerkungen

Zum Text
Die Weihnachtsbotschaft verändert Menschen. Sie vergessen ihre eigenen Sorgen ebenso wie ihr kleines persönliches Glück. Sie öffnen sich füreinander und machen sich auf den Weg. Beim Kind in der Krippe verwandelt sich ihr Leben. Eine sonderbare Nacht.
Eine märchenhafte Geschichte von einem kleinen Schaf, das dem Weihnachtsstern folgt und auf seinem Weg verschiedene Begegnungen hat.

Zur Aufführung
Es wird eine Verkleidung für die Schafe gebraucht. Auch die anderen Personen der Geschichte müssen durch ihre Kleidung erkennbar sein.
Entsprechend den örtlichen Gegebenheiten muss überlegt werden, wie der Weg des Schafs gestaltet werden kann und die Begegnungen mit den weiteren Personen eingerichtet werden.
Der/die Erzähler/in kann den Text ablesen.

Personen

Erzähler/in	König	Schafe
Benjamin	Händlerin	Maria
Jakob	Hirten	Josef
Bettler		

Requisiten

Krippe   Stern (eventuell als Lichtstrahl)

1. Szene: Das kleinste Schaf

Erzähler/in: In einer Winternacht, vor langer Zeit, hüteten Jakob und die anderen Hirten ihre Schafe auf einem Feld vor der Stadt. Der Nachtwind war kalt und die Schafe hatten sich eng aneinandergelegt, um sich gegenseitig zu wärmen. In der Herde gab es große und kleine Schafe, dicke und dünne, solche mit hellem Fell und andere mit dunklem.
Das kleinste Schaf von allen war Benjamin. Und weil Benjamin der Kleinste war, hatten ihn alle furchtbar gern, die anderen Schafe, die Hirten und vor allem Jakob, der Oberhirte.
In dieser Nacht hatte Benjamin einen wunderbaren Traum: Er war mit den anderen Schafen auf einer großen Wiese, sie fraßen von dem saftigen Gras. Plötzlich erschien ein helles Licht und eine bezaubernde Musik war zu hören. Benjamin lauschte.

Eine sonderbare Nacht 85

(Die anderen Schafe und die Hirten summen leise »Hört der Engel helle Lieder«, währenddessen verschwinden sie langsam von der Bühne.)
Jetzt sah Benjamin in seinem Traum einen kleinen Stall, die Tür stand weit offen und ein heller Lichtschein, der aus dem Stall drang, erhellte die Nacht. Benjamin wollte sich gerade nähern, denn die Musik war daraus zu hören, da wachte er auf ...

Benjamin: Ach wie schade, es war alles nur ein Traum. Das helle Licht, die schöne Musik, das saftige grüne Gras ... Hier ist es kalt und dunkel und ... *(Benjamin schaut sich verwundert um.)*
Aber, aber wo sind denn die anderen Schafe und Jakob und die Hirten. Die waren doch gerade noch da! Sind sie vielleicht ohne mich weitergegangen und haben mich hier vergessen?

Erzähler/in: Benjamin wusste nicht, was er tun sollte. So etwas war noch nie vorgekommen. Jakob und die anderen Hirten hatten immer gut auf ihn aufgepasst und ihn noch nie alleine gelassen. Traurig setzte er sich ins Gras.

Benjamin: Was soll ich denn jetzt machen, so ganz allein? Wenn ich nur wüsste, in welche Richtung die anderen Schafe gegangen sind, dann könnte ich ihnen nachlaufen.

Erzähler/in: Auf einmal entdeckte Benjamin einen hellen Stern am Himmel.

Benjamin: So einen hellen Stern habe ich noch nie gesehen, er steht genau über der Stadt. Vielleicht sind die Hirten und die Schafe seinem hellen Licht nachgelaufen. Dann will ich das auch machen, bestimmt kann ich sie noch einholen.

2. Szene: Der arme Bettler

(Benjamin macht sich auf den Weg, er beginnt, langsam einmal um den Altar zu laufen. Sobald der Erzähler/in spricht, setzt sich der Bettler auf die Bühne.)

Erzähler/in: Fröhlich machte sich Benjamin auf den Weg, denn er war sich sicher, dass er die anderen Schafe bald wiederfinden würde.
Er erreichte die Straße, die geradewegs zur Stadt führte. Als er schon fast die großen Stadttore erreicht hatte, sah er auf einmal eine Person am Straßenrand sitzen.
Das Licht des Sterns erhellte die Straße und so konnte Benjamin erkennen, dass es ein alter, dürrer Mann war. Seine Kleidung war schmutzig und er schaute betrübt auf den Boden.

Benjamin:	Warum sitzt du hier so ganz alleine?
Bettler:	Ich habe leider kein Haus, habe nichts zu essen und nichts Warmes anzuziehen. Ich sitze Tag ein und Tag aus hier am Straßenrand und hoffe darauf, dass mir die Menschen, die hier vorbeikommen, vielleicht etwas zu essen geben.
Benjamin:	Ich wünschte, ich könnte dir helfen. Aber ich bin nur ein kleines Schaf.
Bettler:	Nein, helfen kannst du mir nicht. Aber sag, was machst du denn mitten in der Nacht ganz allein auf der Straße?
Benjamin:	Ich suche meine Schafherde. Ich glaube, sie sind dem hellen Stern dort am Himmel nachgelaufen, und jetzt versuche ich, sie einzuholen. Willst du mit mir kommen?
Bettler:	Das werde ich tun! Ich werde dir helfen, deine Herde wiederzufinden.
Erzähler/in:	Und so folgten Benjamin und der Bettler gemeinsam dem hellen Stern und der Bettler dachte bei sich:
Bettler:	Was hat dieser helle Stern dort am Himmel zu bedeuten? Und warum habe ich meinen Platz an der Straße verlassen, um diesem kleinen Schaf zu helfen, seine Herde zu finden? Das ist schon eine sonderbare Nacht.

3. Szene: Der sorgenvolle König
(Benjamin und der Bettler laufen langsam um den Altar.)

Erzähler/in:	In dieser Nacht hatte der König, der über die Stadt regierte, einen sehr unruhigen Schlaf. Immer wieder wachte er in seinem Bett auf und sah aus dem Fenster. Irgendeine Sorge schien ihn zu plagen. Da er nicht weiterschlafen konnte, trat er auf die Terrasse seines Palastes.
König:	Heute Nacht kann ich nicht schlafen. Ich muss morgen eine wichtige Entscheidung für meine Stadt treffen und weiß dafür noch keine Lösung! *(Der König stellt sich an das Geländer der Terrasse und betrachtet den Nachthimmel; Benjamin und der Bettler erscheinen.)*

Eine sonderbare Nacht

Benjamin:	Schau, der Stern kommt immer näher, wir müssen bald bei meiner Herde sein.
Bettler:	Ja, es kann nicht mehr weit sein.
	(Die beiden entdecken den König auf der Terrasse.)
Benjamin:	Warum stehst du hier so traurig und schaust in den Nachthimmel?
König:	Mich bedrücken schwere Sorgen. Ich muss morgen ein neues Gesetz beschließen und weiß noch nicht, für welche Möglichkeit ich mich entscheiden soll.
Benjamin:	Ich wünschte, ich könnte dir helfen! Aber ich bin nur ein kleines Schaf.
König:	Helfen kannst du mir wirklich nicht. Verrate mir jedoch, was ihr beiden hier mitten in der Nacht auf der Straße macht?
Benjamin:	Ich suche meine Schafherde. Ich glaube, sie sind dem hellen Stern dort am Himmel nachgelaufen und jetzt versuchen wir, sie einzuholen. Willst du mit uns kommen?
König:	Das will ich tun! Ich werde dir helfen, deine Schafherde wiederzufinden.
Erzähler/in:	Und so folgten Benjamin, der Bettler und der König dem hellen Stern und der König dachte bei sich:
König:	Warum ist mir der helle Stern am Himmel noch nicht aufgefallen? Und warum habe ich mein Schloss verlassen, um diesem kleinen Schaf zu helfen, seine Herde zu finden? Das ist schon eine sonderbare Nacht.
	(Die drei laufen langsam um den Altar.)

4. Szene: Die fröhliche Händlerin

Erzähler/in:	In einem Haus der Stadt wohnte eine Frau, die tagsüber auf dem Markt als Händlerin Gemüse und Obst verkaufte. An diesem Tag hatte sie viele Kunden gehabt und mehr Geld als sonst verdient. Glücklich hatte sie sich mit ihren leeren Körben auf den Heimweg gemacht.

Händlerin:	Heute habe ich ein gutes Geschäft gemacht! Ich konnte mein ganzes Gemüse und all mein Obst verkaufen.

(Benjamin, der Bettler und der König erscheinen.)

König:	Seht nur, der Stern steht fast über uns. Wir müssen bald am Ziel sein!
Bettler:	Ja! Gleich sind wir bei deiner Schafherde.

(Sie entdecken die Händlerin.)

Benjamin:	Hallo, warum läufst du so fröhlich mit deinen leeren Körben durch die Stadt?
Händlerin:	Heute habe ich viel Geld verdient mit meinen Waren. Von dem kann ich meinen Kindern etwas Schönes kaufen.
Benjamin:	Darüber werden sie sich sicher freuen.
Händlerin:	Aber sagt mir doch, warum seid ihr drei denn noch so spät unterwegs?
Benjamin:	Wir sind auf der Suche nach meiner Schafherde. Ich glaube, sie sind dem hellen Stern dort am Himmel gefolgt und jetzt versuchen wir, sie einzuholen. Willst du mit uns kommen?
Händlerin:	Das möchte ich gern tun. Ich werde dir helfen, deine Schafherde wiederzufinden.
Erzähler/in:	Benjamin, der Bettler, der König und die Händlerin kamen dem hellen Stern immer näher und die Händlerin dachte bei sich:
Händlerin:	Was werden wir wohl bei dem hellen Stern finden? Und warum habe ich keinen Moment gezögert, diesem kleinen Schaf zu helfen, seine Herde zu finden? Das ist schon eine sonderbare Nacht.

5. Szene: Der Stall von Bethlehem

(Die vier laufen langsam um den Altar, in dieser Zeit erscheinen auf der Bühne Maria und Josef mit der Krippe, dazu Hirten und Schafe.)

Erzähler/in:	Benjamin, der Bettler, der König und die Händlerin mussten nicht mehr lange gehen, bis sie zu einem kleinen Stall kamen.

Eine sonderbare Nacht

Der helle Stern stand genau darüber. Benjamin erkannte den Stall sofort: Es war der Stall aus seinem Traum. Die Tür stand offen und ein heller Lichtschein, der aus der Hütte drang, erhellte die Nacht.

Händlerin: Hier muss es sein. Der Stern steht genau über uns!

König: Was wohl in dem Stall sein mag?

Bettler: Lasst uns hineingehen!

Erzähler/in: Benjamin konnte es kaum erwarten, endlich den kleinen Stall zu betreten. Gefolgt von seinen Begleitern ging er durch die geöffnete Tür. Überrascht sahen sie sich um. In dem Stall waren ein Mann und eine Frau, sie standen um eine Futterkrippe, in der ein kleines Kind lag, bei ihnen standen die Hirten und Schafe.

Josef: Kommt nur herein! Wir freuen uns, dass ihr gekommen seid!

Jakob: Benjamin! Da bist du ja! Wir haben uns schon Sorgen um dich gemacht! Wie schön, dass du wieder da bist.

Maria: Kommt nur näher und seht unser Kind hier in der Krippe!

Erzähler/in: Vorsichtig kamen Benjamin, die Händlerin, der König und der Bettler näher an die Krippe heran. Das kleine Kind lachte ihnen entgegen. Und mit diesem Lachen breitete sich ein wunderbares Gefühl der Freude, Ruhe und Zufriedenheit in ihnen aus. Der König schenkte dem Kind einen seiner goldenen Ringe und die Händlerin den Eltern zwei Äpfel, die sie noch in ihrer Schürze hatte.
In dieser Nacht gingen sie alle froh nach Hause. Der König hatte keine Sorgen mehr. Er wusste nun, wie er sich am nächsten Tag für das neue Gesetz entscheiden würde. Der Bettler würde in dieser Nacht nicht frieren müssen, denn der König hatte ihm eine Unterkunft und eine Arbeit versprochen. Außerdem wollte die Händlerin ihm gleich am nächsten Morgen etwas zu Essen bringen. Benjamin ging mit den Hirten und den anderen Schafen zurück auf die Weide. Er hatte seine Herde unter dem hellen Stern wiedergefunden. Und diese sonderbare Nacht, mit dem kleinen Kind in der Krippe, war die schönste Nacht geworden, an die er sich erinnern konnte.

Zeichen für die Völker
Familiengottesdienst

Brigitte Messerschmidt

Vorbemerkungen

Zum Text
Grundlage ist die Weihnachtsgeschichte des Matthäusevangeliums. Es gibt also keine Hirten und keine Engel. In die Gestaltung dieses Spieles sind mehrere Anstöße aus dem jüdisch-christlichen Dialog eingeflossen.
Wer zeigt den Weisen wirklich den Weg? Woher bekommen sie Wegweisung? Mit dieser Frage wird die Szene in Jerusalem zur Mitte der Geschichte der Weisen. Denn dort – aus der Schrift, aus der Thora – erfahren sie, wohin sie gehen müssen. Israels Königserwartung ist in der »Schrift« begründet. Erstaunlich ist es, dass sie sich auf diese ihnen fremde Schrift einlassen. Aufgrund der Thora gehen sie nach Bethlehem. Und aufgrund der Thora können sie in dem gewöhnlichen Kind den König erkennen.
Mit dieser Perspektive auf die Weisen ist das Thema dieses Gottesdienstes umschrieben. Das Kind in Bethlehem wird ein Zeichen für die Völker, weil Gott es so will. Daran kann auch ein Herodes nicht rütteln. Gottes Weg geht über alle Grenzen, die Menschen gezogen haben und ziehen wollen.

Zur Aufführung
Das Spiel hat drei Spielorte: Bethlehem, Jerusalem und Zweistromland (Irak). Da alle drei Orte in der Kirche vorn sein müssen, benötigt man einen Hintergrund, der der Gemeinde die Ortswechsel erkennbar macht. Eine Silhouette des Stalles, eine Silhouette der Stadtmauer von Jerusalem und eine einfache Landkarte vom Zweistromland werden auf je ein Laken gemalt, die an langen Leisten befestigt und mit einem Kartenständer (aus Schule ausleihen) hochgeschoben werden. Der Kulissenwechsel findet immer während eines Liedes statt. Zwei Mitarbeiter oder Eltern übernehmen die Aufgabe der »Kulissenschieber«. Das Malen der Kulissen übernimmt eine eigene Kulissengruppe oder eine in der Gemeinde bestehende Gruppe.

Ein Zeichen zur Erinnerung
Das Erinnerungszeichen für jede Teilnehmerin/jeden Teilnehmer soll bei diesem Gottesdienst auf keinen Fall der Stern sein. Die Schriftrolle ist dafür ein angemessenes Zeichen. Dazu wird die Geschichte von der Geburt Jesu nach dem Matthäusevangelium in einer kindgemäßen Fassung auf Papierstreifen geschrieben, die ca. 9-10 cm breit sind. Einfache Bilder zwischen den Textabschnitten machen das Ganze auch für kleine Kinder interessant. Die Geschichtenstreifen werden kopiert und zu einem langen Streifen zusammengeklebt.
Rundhölzer mit einem Durchmesser von ca. 18 mm wurden bei uns auf eine Länge von ca. 14 cm gesägt (gebündelt, mit elektrischer Säge, ein Schreiner macht das ganz schnell!), mit Schleifpapier geglättet. Der Geschichtenstreifen wird an die Hölzer geklebt. Wenig Klebstoff verwenden, damit nicht nachher alles zusammenklebt! Die Geschichte wird vom Ende her aufgerollt. Mit einem Gummiband werden die Hölzer zusammengehalten.

Personen

Maria	Fatmi	Minister
Josef	Hassan	Herodes
Stimme	drei Weise	drei Schriftgelehrte
drei Mütter	Wächter	drei Kinder

Zeichen für die Völker

Requisiten

Stuhl	Stern	Schriftrollen
Werkzeug	Tisch	Kartenständer
Matte	Sternkarten	Kulissen
Krippe	Thron des Herodes	

Beginn des Gottesdienstes

(Die Kulisse von Bethlehem hängt von Anfang an am Kartenständer.)

Eröffnung

Es ist Weihnachten, Heilige Nacht. Manche sagen: »Geschenkefest«. Sie stöhnen unter der Last dieser Feiertage. Manche sagen: »Familienfest«. Und sie haben Angst vor den hohen Erwartungen aneinander und davor, dass womöglich ein Streit aufkommt, wo doch alle friedlich sein wollen.
Es ist Weihnachten, Christfest. Wir erinnern uns an Gottes großartiges Geschenk: Er schenkt uns seinen Sohn. Jesus wurde geboren mitten in das Stöhnen der Menschen hinein. Jesus wurde geboren mitten in unsere Angst und in unsere Sorge um Streit hinein. Darum sind wir hier versammelt zum Gottesdienst. Wir sind verbunden durch Gottes Namen. Wir feiern die Geburt seines Sohnes Jesus Christus. Wir hoffen auf die Kraft des Heiligen Geistes in unserem Leben. Amen.

● *Lied:* Wenn die Dunkelheit zerbricht *(Noten s. nächste Seite)*

Gebet

Guter Gott.
Auf vielen Wegen waren wir in den Tagen vor Weihnachten unterwegs.
Wege zum Einkauf,
Wege, um Freunde und Verwandte zu besuchen,
Wege, um schnell noch etwas zu erledigen.

Oft waren wir in Eile.
Oft waren wir müde und wären viel lieber zu Hause geblieben.
Oft waren wir auch lustlos und widerwillig unterwegs.

Und nun sind wir hier.
Du weißt, mit welchen Gedanken in unseren Köpfen wir zur Kirche gekommen sind. Gott, hilf uns, dass wir nun einen gemeinsamen Weg gehen können:
Den Weg zu Dir.
Amen.

● *Lied:* Die Kerze brennt, ein kleines Licht *(Noten s. nächste Seite)*

Zeichen für die Völker

Weihnachtsspiel

1. Szene: In Bethlehem

(Ein Stuhl steht vorn. Josef kommt mit Werkzeug, und während er an dem Stuhl arbeitet, führt er das folgende Selbstgespräch.)

Josef: Was soll ich nur machen? Nun sind Maria und ich seit einem halben Jahr verlobt. Alle wissen, dass wir aneinander verbunden sind. Alle rechnen auch mit der Hochzeit im nächsten Monat. Und jetzt das. Maria schwanger! Und das Kind ist nicht von mir!
Die Leute werden sagen: »Seht euch diese Frau an! Wenn Josef der Herr im Haus ist, dann wird er sie verklagen!« – Aber ich will Maria nicht verklagen. Ich will sie nicht öffentlich bloßstellen. – Aber so mit ihr leben? Mit einem Kind, dessen Herkunft ich nicht kenne? Nein, das geht auch nicht. –
Und wenn ich einfach fortgehe? – Ja, ich werde mich still von ihr trennen. Maria wird in ihrer Familie bleiben. Das Kind wird schon irgendwie groß werden. Und ich kann überall mein Auskommen haben. – Ja, so ist es am besten für alle. –
Feierabend. Ich bin so müde. Und ich werde gut schlafen, jetzt, wo mir klar ist, was ich tun werde.
(Josef geht weg und legt sich auf eine Matte.)

Stimme: *(Der Sprecher bleibt für die Gemeinde unsichtbar.)*
Josef, du bist ein Nachkomme Davids, des großen Königs von Israel, höre! Hab keine Angst davor, Maria zu dir zu nehmen. Es gibt keinen Grund, sich von ihr zu trennen. Es ist Gottes Wille, dass dies Kind von ihr geboren wird. Es wird ein Sohn sein. Und du sollst ihm einen Namen geben. Jesus sollst du ihn nennen. Du weißt, was dieser Name bedeutet: »Gott steht uns bei«. Dieser Sohn wird dem Volk Israel, meinem Volk, das verkündigen: »Gott steht uns bei! Gott hilft uns!« Darum höre, Josef, Nachkomme Davids, und bleibe bei Maria und dem Kind. Bleibe unter Gottes Hilfe!

Josef: *(Er steht auf).* Habe ich geträumt? Oder war es mehr als ein Traum? Mein Entschluss fortzugehen, ist vielleicht doch nicht der richtige Weg? Gott steht uns bei. – Das hat die Stimme für unser Kind als Namen genannt. Gott steht uns bei – gilt das auch jetzt für uns? – Ich habe gerade »unser Kind« gesagt. So soll es sein. Ja, ich bleibe bei Maria. Ich bleibe bei dem Kind. Gott steht uns bei. So soll es sein.

(Während des folgenden Liedes holt Josef Maria zu sich. Er holt die Krippe hervor, den Stuhl dazu. Maria nimmt den Platz ein und legt das Kind in die Krippe. Dieses »Krippenbild« steht seitlich im Altarraum und bleibt dort immer sichtbar.)

● *Lied:* (Alle singen nach der Melodie »Vom Himmel hoch, da komm ich her ...«.)

> Schaut, welch ein Wunder stellt sich dar!
> Die schwarze Nacht wird hell und klar,
> ein großes Licht bricht dort herein,
> ihm weichet aller Sterne Schein.
>
> O schauet hin! Der Himmels Heer,
> das bringt uns jetzt die Freundenmär,
> wie sich nunmehr hab eingestellt
> zu Bethlehem das Heil der Welt.
> (Text: Paul Gerhardt)

Sprecher/in: In einem Stall in Bethlehem
ist heute Nacht ein Wunder geschehn.
Der Josef macht den Platz bereit.
Maria sagt: Jetzt ist die Zeit.

Der Josef schaut Maria an
und fragt, wie er ihr helfen kann.
In diesem Stall ist es nicht schön.
Doch mit Gott wird es gut ausgehn.

Maria bringt einen Jungen zur Welt,
da erscheint ein neuer Stern am Himmelszelt.
Von jedem Ort kann man ihn sehn,
und mancher kann das nicht verstehn.

(Die Kulisse wird gewechselt zum Irak. Daneben wird der Stern zur entsprechenden Zeit sichtbar. Die Mutter bringt einen Tisch in die Mitte. Kinder kommen, wenn sie gerufen werden.)

1. Mutter: Hassan, Fatmi, kommt zum Essen!

Kind Hassan: Kommt Vater auch zum Abendessen?

1. Mutter: Nein, Hassan. Es ist schon dunkel, und der Mond geht erst viel später auf. Euer Vater will die Zeit nutzen, um die Sterne zu beobachten.

Kind Fatmi: Immer sind die Sterne wichtiger als wir. Ich finde das doof.

Zeichen für die Völker

Kind Hassan:	Ich finde es nur doof, dass ich nicht mit darf, wenn er zu den Fernrohren auf das Dach geht. Immer heißt es: Du bist noch zu klein.
1. Mutter:	Nun ärgert euch nicht weiter. Ihr wisst doch, das ist nun mal Vaters Beruf. Und die Zimmerleute nehmen ihre Kinder ja auch nicht mit zum Dachbau.
Kind Fatmi:	Aber die sind beim Abendessen zu Hause und erzählen den Kindern noch Gute-Nacht-Geschichten.
1. Mutter:	Und euer Vater erzählt euch Guten-Morgen-Geschichten von den Sternen, die er in der Nacht gesehen hat. So, und jetzt ab ins Bett, es ist schon so spät. *(Die Kinder gehen weg, die Mutter bleibt vorn. Dann kommt ihr Mann.)*
1. Weiser:	*(aufgeregt)* Nun studiere ich schon so viele Jahre den Lauf der Sterne, habe Bücher geschrieben und Studenten unterrichtet. Aber so etwas habe ich noch nie gesehen!
1. Mutter:	Nun setz dich erstmal hin und trink Tee. Du bist ja ganz aufgeregt. Was ist denn passiert?
1. Weiser::	Ich habe einen neuen Stern entdeckt!
1. Mutter:	Du hast doch das neue, bessere Fernrohr noch gar nicht bekommen. Und mit deinen alten Fernrohren hast du den Himmel seit Jahren beobachtet. Wo soll da ein Stern sein, den du noch nicht gesehen hast?
1. Weiser:	Eben! Es ist wirklich ein neuer Stern! Nicht einer, den ich nur noch nicht gesehen hatte, sondern wirklich ein neuer. Ein neugeborener Stern! Das ist ... das ist einfach großartig. Das hat etwas zu bedeuten! Das geht über alles hinaus, was wir Sternenwissenschaftler bisher gesehen haben.
1. Mutter:	Bist du da ganz sicher? Es könnte doch sein, dass du dich irrst oder dass es eine seltene Luftspiegelung war. Vielleicht ist das alles gar nicht wahr, vielleicht ...
1. Weiser:	Deine Vorsicht in Ehren, liebe Frau! Aber ich habe alles gründlich überprüft. Ich bin mir ganz sicher, dass ich einen neugeborenen Stern entdeckt habe. Aber damit du be-

	ruhigt bist: Ich werde gleich noch zu meinen Kollegen gehen. Sie müssten ja dasselbe beobachtet haben. – Und wenn das so ist, dann hast du einen Ehemann, der etwas ganz Neues am Himmel entdeckt hat!
1. Mutter:	Na, dann gute Nacht! Wenn ihr erstmal gemeinsam über den Sternenkarten hockt, dann wirst du wohl erst zum Frühstückstee wieder hier sein.
1. Weiser:	Aber du verstehst doch, dass ich jetzt nicht schlafen gehen kann, oder?
1. Mutter:	Ja, ja. *(Sie geht weg, 1. Weiser geht zum Nachbarhaus. Dort kommt auch der 2. Weise gerade an.)*
2. Weiser:	Du, hier, um diese Zeit?
1. Weiser:	Und du? Was machst du hier?
2. Weiser:	Ich habe eine Beobachtung gemacht, die ich mit unserem Kollegen besprechen möchte.
1. Weiser:	Ich auch. *(Der 3. Weise kommt dazu)*
3. Weiser:	Gerade wollte ich zu einem von euch gehen.
1. Weiser:	Und warum?
3. Weiser:	Tja, ich habe da eine Beobachtung gemacht, …
2. Weiser:	… und wolltest sie mit einem Kollegen besprechen!
3. Weiser::	Genau!
2. Weiser:	Aller guten Dinge sind drei. Also, wir beide sind aus demselben Grund hierhergekommen.
3. Weiser:	Dann lasst uns gleich mit der Besprechung anfangen.

(Sie gehen an den Tisch, legen viele Sternenkarten darauf. Während des Liedes gestikulieren sie, rollen die Karten auf, zeigen sich etwas. Lesen, ...)

Zeichen für die Völker

● *Lied:* (Alle singen nach der Melodie »Vom Himmel hoch, da komm ich her ...«.)

> Die Völker haben dein geharrt,
> bis dass die Zeit erfüllet ward;
> da sandte Gott von seinem Thron
> das Heil der Welt, dich, seinen Sohn.
>
> (Text: Christian Fürchtegott Gellert)

3. Weiser: Also, ich fasse zusammen, was wir jetzt herausgefunden haben:
1. Es ist ein neugeborener Stern, das geht aus unseren Sternenkarten eindeutig hervor.
2. Der Stern ist ein gutes Zeichen, das sagen die alten Bücher, die du dir angesehen hast.

2. Weiser: Stimmt.

3. Weiser: Und 3. bedeutet dieses Zeichen eine Königsgeburt in einem kleinen Land westlich von hier.

1. Weiser: Ja, das Land kann dann nur Israel sein. Die Hauptstadt ist Jerusalem. Es soll eine Geburt von überragender und weltweiter Bedeutung sein. Allerdings geben die alten Schriften, die ich hier durchforscht habe, nur wenig Hinweise. – Man müsste ihnen näher nachgehen.

2. Weiser: Man müsste ihnen nachgehen ... – Was haltet ihr davon, wenn wir die erstaunliche Beobachtung eines neugeborenen Sterns und seine Bedeutung weiter erforschen?

3. Weiser: Ich wüsste nicht, welche Bücher uns weiterhelfen könnten.

2. Weiser: Ich meine nicht das Forschen in Büchern, sondern das »Nachgehen«. Versteht ihr? Wir gehen in diese Hauptstadt von Israel, in dieses Jerusalem und sehen uns den neugeborenen König an.

1. Weiser: Die Idee ist großartig. Wir haben die einmalige Gelegenheit, ein Zeichen am Himmel auf der Erde zu überprüfen. Also, ich bin dabei, morgen können wir aufbrechen.

3. Weiser: Gut, ein Tag genügt zur Vorbereitung.

2. Weiser: Mir reicht das auch. Also bis morgen!

● *Musik*

(Die Familien der drei Männer stehen zusammen und verabschieden sich mit Umarmungen und Händeschütteln, dann gehen die drei fort und alle winken.)

2. Mutter: Hoffentlich sehen wir sie gesund wieder.

3. Mutter: Es ist schon nicht einfach, mit so einem forschenden Wissenschaftler verheiratet zu sein.

1. Mutter: Gut, dass wir Frauen und Kinder uns gut verstehen. Ganz allein würde mir das jetzt sehr schwer fallen.

1. Kind: Ich hab mir von Papa gewünscht, dass er mir was aus dem fremden Land mitbringt.

2. Kind: Das haben wir doch alle gemacht. – Dann können unsere Väter das ja wohl nicht vergessen.

3. Kind: Ich wäre gern mitgereist. Aber alle sagen, ich bin zu klein.

4. Kind: Na ja, hier ist es ja auch ganz schön. Los, wir rennen zum Fluss und bauen unsere Bude weiter!

(Alle gehen weg, die Weisen ziehen noch einmal von hinten durch die Kirche.)

● *Musik*

1. Weiser: Drei Wochen! Es wird Zeit, dass wir nach Jerusalem kommen. Allmählich macht das Reisen keinen Spaß mehr.

2. Weiser: Nach unserer Reisekarte müssten wir morgen die Zinnen des Tempels von Jerusalem sehen.

3. Weiser: Der Tempel soll ja ein gewaltiges Bauwerk sein. Wisst ihr Näheres dazu?

1. Weiser: Nicht sehr viel. In Israel glaubt man an einen unsichtbaren Gott, der das Volk Israel auserwählt hat als Zeichen für die Völker.

2. Weiser: Ein Zeichen, das in anderen Völkern gesehen wird, so wie wir den Stern gesehen haben?

1. Weiser: Irgendwie so. Aber Näheres weiß ich nicht.

Zeichen für die Völker 99

3. Weiser: Vielleicht erfahren wir ja auf dieser Reise auch darüber etwas mehr. Ich las neulich, dass dieser unsichtbare Gott sein Volk befreit habe aus der Sklaverei.

2. Weiser: Das muss dann aber lange her sein. Denn jetzt sind sie keine Sklaven, aber doch besetzt von den Römern. Das ist fast so schlimm wie versklavt sein. Befreit jedenfalls würde ich das Leben in einem besetzten Land nicht nennen.

1. Weiser: Im Königspalast in Jerusalem werden wir bestimmt mehr erfahren von diesem besonderen Volk.

(Beim nächsten Lied wird die Kulisse gewechselt: Jerusalem/Stadtansicht. Der Wächter geht auf seinen Platz.)

Erleuchte und bewege uns

Text: Friedrich Karl Barth, Musik: Peter Janssens, aus: Und der Brunnen ist tief, 1987
alle Rechte im Peter Janssens Musik Verlag, Telgte-Westfalen

1. Weiser: Jerusalem ist eine faszinierende Stadt, findet ihr nicht?

2. Weiser: Und der Tempel ist ein Gebäude, wie ich noch keines gesehen habe.

3. Weiser: Schade, dass wir nicht hinein durften.

2. Weiser: Wir müssen eben die Sitten hier respektieren. Nichtjuden dürfen das Heiligtum nicht betreten. Ich fand das auch schade. Vielleicht gibt es ja Bilder vom Inneren dieses Gebäudes oder wenigstens gute Beschreibungen, aus denen wir mehr erfahren können.

1. Weiser:	Aber ehe wir danach im Basar suchen, sollten wir unser eigentliches Ziel ansteuern. Eigenartig, dass niemand in der Stadt von einem neugeborenen König spricht. Keine Flaggen, kein Freudenfest.
2. Weiser:	Einen neugeborenen König sucht man nicht auf der Straße, sondern im Königshaus. Dort ist der Eingang zum Palast. Der herrschende König hier heißt Herodes. Wir wollen sehen, ob man uns sofort hineinlässt oder ob wir einige Tage warten müssen, bis der König uns empfangen kann. *(Die Weisen gehen auf den Palastwächter zu.)*
Wächter:	Was wollt ihr? Hier kann man nicht einfach hineingehen!
3. Weiser:	Wir wissen sehr wohl, dass hier der König residiert. Wir bitten um eine Audienz bei König Herodes. Wir kommen von weit her. Könnt ihr uns bitte anmelden? *(Der Wächter holt den Minister.)*
Minister:	Ihr wollt zum König?
2. Weiser:	Ja, wenn es möglich ist, recht schnell. Wir sind Sternenkundige und extra weit gereist.
Minister:	Kommt herein. Der König wird in Kürze Zeit für euch haben. *(Die Weisen sind für kurze Zeit allein.)*
1. Weiser:	Alles sehr edel hier. Unsere Geschenke für den neugeborenen König sind hoffentlich nicht zu gering ausgefallen.
3. Weiser:	Ach wo. Erstens sind wir ja weit gereist, um ihn zu ehren und Gold, Weihrauch und Myrrhe sind wirklich etwas Besonderes.
2. Weiser:	Achtung. Da kommt der König. Verbeugt euch.
Herodes	Willkommen in meinem Palast. Seid meine Gäste.
1. Weiser:	Wir danken dir, König von Israel, dass du uns so rasch begrüßen kannst, und nehmen dein Willkommen gern an.
2. Weiser:	Wir sind weit gereist. Aus dem Zweistromland kommen wir. Drei Wochen waren wir nun unterwegs.

Herodes:	Einen so beschwerlichen Weg habt ihr auf euch genommen, um mich zu besuchen? Das ehrt mich.
3. Weiser:	Nun ja. Besonders wollen wir euren Sohn ehren. Denn seinen Stern sahen wir aufgehen.
Herodes:	Meinen Sohn? Einen Stern? *(leise zum Minister)* Was geht hier vor? Wollen die mich lächerlich machen? Oder was?
Minister:	Ihr werten Gäste, ich denke, nach der langen Reise solltet ihr euch erst erfrischen, ehe wir große Gespräche führen. Ich begleite euch in den Speisesaal, später sehen wir weiter. *(Geht mit den drei Weisen weg, kommt dann wieder.)*
Herodes:	Ein Sohn in meinem Haus? – Schön wär's ja. Aber da wird wohl nichts draus. Wie kommen die Fremden im Zweistromland bloß darauf, dass ich einen Sohn hätte? Und dann auch noch mit einem Stern am Himmel? Seltsame Vögel sind das.
Minister:	Oh nein, König, seltsame Vögel sind das nicht. Es sind hochgelehrte Wissenschaftler. Nicht nur in ihrer Heimat sind sie anerkannt. Sie beobachten den Lauf der Sterne. Und nun haben sie einen neugeborenen Stern entdeckt. Aus alten Büchern haben sie herausgelesen, dass dieser Stern die Geburt eines Königs in Israel anzeigt, und dass dieser König weit über Israel hinaus eine große Bedeutung hat. Darum sind sie in den Palast von Jerusalem gekommen, um diesen weltbedeutenden König zu finden.
Herodes:	Aber wir haben kein neugeborenes Königskind. Schon gar keines mit Weltbedeutung. Ich selbst bin ja nur eine Marionette des Römischen Kaisers – oder sollte es etwa woanders ...?
Minister:	Daran habe ich auch schon gedacht. Ein Konkurrent für dich aus einer anderen Sippe? Oder gar ein ganz anderer König. – *Der* König?
Herodes:	Du meinst: *Der von Gott selbst gesandte König, der Messias?* Hör zu, ich muss es genau wissen. Auch wir haben alte Schriften. Geh, rufe alle Schriftgelehrten mit ihren Schriftrollen zusammen. Sucht, was das mit dem Stern und dem Kind auf sich haben kann. Ich muss unbedingt wissen, woran ich bin. Ich werde inzwischen meine Gäste unterhalten.

(Während des folgenden Liedes holt der Minister die Schriftgelehrten mit ihren Rollen. Sie breiten sie auf dem Tisch aus und suchen und diskutieren.)

● Lied: *(Alle singen nach der Melodie »Vom Himmel hoch, da komm ich her ...«.)*
Von Anfang, da die Welt gemacht,
hat so manch Herz nach dir gewacht;
dich hat gehofft so lange Jahr
der Väter und Propheten Schar;

»Ach, dass der Herr aus Zion käm
und unsre Bande von uns nähm!
Ach, dass die Hilfe bräch herein,
so würd Jakob fröhlich sein!«
(Text: Paul Gerhardt)

1. Schriftgelehrter:
Gleich ganz am Anfang heißt es: »Und Gott machte zwei große Lichter: Ein großes Licht, das den Tag regiere und ein kleines Licht, das die Nacht regiere, dazu auch die Sterne.«

2. Schriftgelehrter:
Das heißt zunächst mal: Auch der Stern, den diese Fremden gesehen haben, ist ein Geschöpf Gottes.

3. Schriftgelehrter:
Und in einem Psalm heißt es: »Lobt im Himmel den Herrn, lobet ihn in der Höhe! Lobet ihn, Sonne und Mond, lobet ihn, alle leuchtenden Sterne.«

2. Schriftgelehrter:
Das unterstützt das noch einmal: Die ganze Schöpfung ist da, um Gott, den Einzigen und Unsichtbaren zu loben. Also auch die Sterne, also auch dieser eine Stern. Aber immer noch nichts über einen neugeborenen König und einen Stern.

1. Schriftgelehrter:
Ich glaube, ich habe noch etwas gefunden: »Ein Stern wird aus Jakob aufgehen und ein Zepter aus Israel aufkommen ...«

2. Schriftgelehrter:
Wer hat das gesagt?

1. Schriftgelehrter:
> Bileam, ein Prophet, der Israel Schlechtes wünschen sollte, ihm aber auf Gottes Befehl hin Gutes gewünscht hat.

3. Schriftgelehrter:
> Und woher kam dieser Bileam?

1. Schriftgelehrter:
> Aus Pethor am Euphrat. – Am *Euphrat* – das ist genau die Gegend, aus der unsere Fremden kommen.

2. Schriftgelehrter:
> Ein Stern wird aus Jakob aufgehen und ein Zepter wird aus Israel aufkommen – das ist Hinweis auf einen großen König! Ein König aus unserem Volk. Ich würde sogar meinen, es ist ein Hinweis auf *den König Gottes, den Messias*.

3. Schriftgelehrter:
> Hier im Palast gibt es diesen Messiaskönig schon gar nicht. Aber wo ist er zu finden, der Herr über Israel?

1. Schriftgelehrter:
> Wartet mal! Vor wenigen Tagen habe ich die Rolle des Propheten Micha noch einmal gelesen. Wo ist sie? Sie ist ziemlich klein. Ja, hier ... Hier steht es: »Du Bethlehem Ephrata, die du klein bist unter den Städten in Juda, aus dir soll mir der kommen, der in Israel Herr sei.«

2. und 3. Schriftgelehrter:
> Bethlehem!

1. Schriftgelehrter:
> Ja, so muss es sein: Der »Stern aus Jakob« meint den König, der in Bethlehem geboren wird. Und er wird herrlich werden, so weit die Welt ist. So steht es hier.

3. Schriftgelehrter:
> Das wird Herodes nicht gern hören. Konkurrenz konnte er noch nie vertragen.

1. Schriftgelehrter:
> Und wenn es sich wirklich um den Messias handelt, dann hat Herodes viel Grund zu erschrecken.

2. Schriftgelehrter:
: Wie auch immer. Wir müssen ihm mitteilen, was wir gefunden haben. *(Einer holt Herodes heran.)*

1. Schriftgelehrter:
: König, wir haben gefunden, was du suchtest.

3. Schriftgelehrter:
: Unsere Schriften weisen darauf hin, dass Gott, der Herr, gelobt sei sein Name, Sonne und Mond und auch die Sterne erschafft. So ist der Stern, den die Fremden sahen, ein Zeichen von *Ihm*.

2. Schriftgelehrter:
: Das Zeichen des aufgehenden Sternes nennt der Prophet Bileam. Und er vergleicht damit einen großen König, der aus Israel kommen wird.

1. Schriftgelehrter:
: Und der Prophet Micha weist auf die kleine Stadt Bethlehem hin. Aus ihr wird der kommen, der in Israel Herr sein wird.

3. Schriftgelehrter:
: So sind wir drei gemeinsam zu dem Ergebnis gekommen, dass unsere Gäste mit Recht einen neugeborenen König suchen. Doch sie sind am falschen Ort. Bethlehem, nicht Jerusalem ist das Ziel ihrer Wanderung.

Herodes:
: Also haben sie recht? Ein König geboren – und nicht in meiner Familie? – Es ist gut. Geht nun.
(Schriftgelehrte gehen, Herodes im Selbstgespräch)
Ich werde keinen »König von Israel« neben mir dulden. Auch wenn er erst ein Kind ist. Ich habe meine eigenen Pläne. Aber jetzt erst mal zu den Gästen. *(Er geht zu den Weisen.)*
Liebe Männer. Ich habe gute Nachricht für euch. Meine Schriftgelehrten haben geforscht und gelesen. Sie kennen die alten Schriften unseres Volkes genau, und sie haben etwas gefunden, was euch freuen wird und mich auch. Tatsächlich ist ein König geboren in diesem Land, doch nicht hier in Jerusalem, wie ihr mit wissenschaftlicher Logik dachtet, sondern in Bethlehem, einem kleinen Dorf südlich von hier.

1. Weiser:
: Sind deine Männer sich ganz sicher?

Zeichen für die Völker

Herodes:	Natürlich. Es sind die besten des Landes. Und unsere Schriften verstehen sie gut.
2. Weiser:	Eure Schriften interessieren mich. Gern würde ich einige Rollen mitnehmen.
Herodes:	Das wird wohl möglich sein. Doch erkundigt euch bei den Schreibern danach. Ich habe nun aber noch eine Bitte an euch.
3. Weiser:	Du hast uns auf Bethlehem hingewiesen und uns damit einen großen Dienst getan. Denn anders hätten wir das Ziel unserer Reise nie gekannt. Also werden wir dir gern jede Bitte erfüllen.
Herodes:	Wenn ihr das Kind, den neugeborenen König, gefunden habt, dann kommt auf dem Rückweg noch einmal hierher und berichtet mir, wo ihr das Kind gefunden habt. Dann kann auch ich hingehen und es begrüßen und ihm Ehre erweisen.
2. Weiser:	Die Bitte können wir leicht erfüllen. Doch nun wollen wir aufbrechen nach Bethlehem.
1. Weiser:	Danke für die Gastfreundschaft und Freundlichkeit.

(Während des folgenden Liedes wird die Kulisse gewechselt: Bethlehem. Die Weisen gehen nach hinten und kommen langsam nach vorn.)

● *Lied:* Erleuchte und bewege uns *(Noten s. 99)*

3. Weiser:	Das hier ist die Straße nach Bethlehem. Sehr weit ist es nicht. Wir sind jetzt über den Tag schon gut vorangekommen.
2. Weiser:	Vielleicht sollten wir eine Nachtruhe einlegen und morgen mit Sonnenaufgang weitergehen. *(Stern wandert langsam zum Stall.)*
1. Weiser:	Moment mal. Seht mal nach oben. Seht ihr, was ich sehe?
2.und 3. Weiser:	Der Stern!
2. Weiser:	Unser Stern. Wie ein Wegweiser steht er da.
3. Weiser:	Also, wenn ihr mich fragt: Wir sollten durch die Nacht wandern. Unter diesem Zeichen sind wir aufgebrochen. Unter diesem Zeichen sollten wir ankommen.

1. Weiser:	Du hast recht. Wir gehen weiter.
● *Lied:*	Erleuchte und bewege uns *(Noten s. 99)*
2. Weiser:	Schaut nur, der Stern ist ganz tief am Horizont.
3. Weiser:	Und der Schatten vor ihm, eine einfache Hütte.
1. Weiser:	Es sieht aus, als zeige der Stern genau auf diese Hütte.
3. Weiser:	Sollte etwa daaa ...
2. Weiser:	... der neugeborene König der Welt zu finden sein?
1. Weiser:	Das kann ich mir nicht vorstellen. Aber nachsehen sollten wir auf jeden Fall. *(Sie gehen zu Maria, Josef und dem Kind.)*
1. Weiser:	Ein Kind!
3. Weiser:	Das neugeborene Kind, der König der Welt!
2. Weiser:	Wir wollen vor ihm knien!
Maria:	Von weit her seid ihr gekommen, und kniet vor unserem Kind?
1. Weiser:	Ja, denn wir erkennen in ihm den König der Welt.
2. Weiser:	Für ihn sind wir aus unserer fernen Heimat hergekommen.
3. Weiser:	Ein Stern war uns ein Zeichen. Wir haben es zunächst nicht ganz verstanden.
2. Weiser:	Darum sind wir zuerst nach Jerusalem gegangen.
1. Weiser:	Doch Dank der Schriften, die euch heilig sind, haben wir dort erfahren, dass der König der Welt in Bethlehem geboren ist.
3. Weiser:	Und darum sind wir hierhergekommen. Auch der Stern führte uns zu diesem Haus. Von uns aus hätten wir hier gewiss keinen König gesucht.
Maria:	Gottes Wege sind nicht immer gleich zu erkennen.

Zeichen für die Völker **107**

Josef:	Das ist wahr. Gott hat ja auch mich an deiner Seite gehalten, obwohl ich erst nicht verstanden habe, was geschehen wird.
3. Weiser:	Ich möchte gern mehr von dem erfahren, den ihr euren Gott nennt. In Jerusalem ging es bei König Herodes auch um die heiligen Schriften, die von ihm reden.
Josef:	Ich werde sehen, ob ich euch helfen kann, einige Rollen der Schrift zu bekommen.
1. Weiser:	Doch jetzt wollen wir euch erst mal unsere Geschenke geben.
3. Weiser:	Ja, wir haben dem König Geschenke zu überreichen.
2. Weiser:	Nehmt sie als Zeichen unserer Verehrung.
3. Weiser:	Dies ist Gold – möge seine Herrschaft dazu beitragen, dass niemand in Armut bleibt.
2. Weiser:	Dies ist Weihrauch – ein Gewächs, das Wohlgeruch verbreitet. Möge seine Herrschaft dazu beitragen, dass die Menschen mit allen Sinnen Gutes erfahren.
1. Weiser:	Und dies ist Myrrhe – ein kostbares, aber bitteres Kraut. Ein Herrscher, der Gerechtigkeit und Frieden sucht, wird dabei auch Bitterkeit und Leid erfahren. Darum wünschen wir ihm, dass sein Streben nach Gerechtigkeit niemals nachlassen wird, auch wenn es leidvoll und bitter für ihn wird.
Maria:	Ihr seid wirklich weise Männer. Eure Wünsche für dieses Kind zeigen es. Wir werden unserem Kind einmal von euch erzählen.
3. Weiser:	Danke. Wenn er dann in Freundlichkeit an uns in der Ferne denkt, wird uns das guttun.
2. Weiser:	Es ist heller Tag. Wir werden uns in Bethlehem noch nach Schriftrollen umsehen. Dann können wir das erste Stück des Rückweges antreten.
1. Weiser:	Euch danken wir, dass ihr uns so freundlich aufgenommen habt. Seid dem Kind gute Eltern und bewahrt es, damit es groß werden kann.

3. Weiser:	Ein König für die Welt.
Josef:	Ich gehe noch ein Stück mit euch – Wegen der Schriftrollen.

(Alle gehen weg, außer Maria. Josef gibt den Weisen je eine Schriftrolle. Damit gehen sie weiter. Josef kehrt zurück zu Maria. Die folgende Szene mit den Weisen evtl. hinten in der Kirche spielen.)

● *Lied:*	Erleuchte und bewege uns *(Noten s. 99)*
1. Weiser:	Gut, dass Josef uns geholfen hat. Ich denke, wir haben wichtige Schriften bekommen können. Jetzt wird es schon dunkel. Es genügt, wenn wir morgen bei Tag in Jerusalem ankommen. Hier können wir ein paar Stunden schlafen. *(Sie legen sich hin.)*
2. Weiser:	Das brauche ich jetzt auch. Ich bin so müde! Also schlaft gut.
1. und 2. Weiser:	Gute Nacht.
Stimme:	*(Für die Gemeinde unsichtbar)* Ihr seid einen guten Weg gegangen. Ihr habt gefunden, was ihr suchtet. Doch nun geht nicht zurück nach Jerusalem. Der, der dort im Palast ist, will dem Kind schaden, das ihr besucht habt. Er sucht den König der Welt, um ihn zu vernichten. Darum sagt ihm nichts von dem Ort.
3. Weiser:	Guten Morgen ihr beiden.
1. und 2. Weiser:	Guten Morgen.
3. Weiser:	Ich habe heute Nacht im Traum eine warnende Stimme gehört: Wir sollten nicht nach Jerusalem gehen und dem Herodes nichts von dem Kind sagen.
2. Weiser:	Das habe ich auch gehört!
1. Weiser:	Ich ebenfalls! Herodes will dem Kind Böses. – Also, ich denke, diese Stimme ist ebenso ein Zeichen wie der Stern.
3. Weiser:	Der Gott Israels ist ein besonderer Gott.
2. Weiser:	Sie sagen »Der Einzige«.
1. Weiser:	Wie gut, dass wir die Schriften haben. Ich möchte mehr von diesem Gott erfahren, der unsere Wege begleitet.

2. Weiser:	Jedenfalls gehen wir an Jerusalem im Bogen vorbei und dann auf kürzestem Weg nach Hause.

(Beim folgenden Lied wechselt die Kulisse auf den Irak. Die Familien der Weisen sammeln sich vor dem Altar, spielen oder arbeiten etwas. 1. Kind hält gegen Ende Ausschau.)

● *Lied:*	Vertraut den neuen Wegen (EG 395)
1. Kind:	Fatmi, Hassan, Mutter! Sie kommen, sie kommen!
	(Alle blicken auf.)
1. Kind:	Dort, in der Mitte ist Vater. Daneben Fatmis Vater. Ja sie sind es wirklich!
1. Mutter:	Fast habe ich nicht mehr geglaubt, dass sie zurückkehren.
2. Mutter:	So viele Wochen waren sie unterwegs.
	(Begrüßung mit Umarmungen usw.)
1. Weiser:	Ach, ist das schön, so begrüßt zu werden.
Hassan:	Ihr wart ja auch lange genug weg!
2. Weiser:	Es war eine großartige Reise.
3. Weiser:	Und ein ganz besonderes Ziel.
3. Kind:	Also habt ihr den König gefunden?
2. Kind:	Hat er einen großen Palast?
1. Kind:	Trägt der kleine König schon eine große Krone?
1.Weiser	Nein, nein, es ist alles ganz anders. Wir haben den König der Welt gefunden. Aber ganz anders, als wir es erwartet haben.
3. Frau:	Das klingt nach einer langen Geschichte. Wir werden heute Abend alle zusammen feiern. Und dann müsst ihr uns alles erzählen.
3. Weiser:	Ja, das werden wir tun. Und es wird bestimmt eine lange und sehr besondere Nacht.

(An dieser Stelle endet das Weihnachtsspiel. Alle bleiben vorn. Einige Kinder sind gleich am Austeilen der Schriftrollen beteiligt. Wenn sie beginnen, gehen alle auf ihre Plätze. Nur Maria und Josef bleiben vorn bei der Krippe, bis die Gemeinde die Kirche verlassen hat.)

Abschluss des Gottesdienstes

Sprecher: Erzählen in einer sehr besonderen Nacht. Das war bestimmt spannend damals in den Familien der Weisen. Doch auch wir heute haben in dieser Nacht viel zu erzählen. Den Weisen damals hat die Heilige Schrift dabei geholfen. Und so ist das auch bei uns. Auch uns hilft die Bibel, damit wir etwas zu erzählen haben. Wir haben für alle eine kleine Schriftrolle vorbereitet. Sie erzählt die Geschichte von der Geburt von Jesus und von den Weisen, die ihn gefunden haben. Wir schenken euch die Schriftrolle, damit ihr so wie die Weisen, ihre Frauen und Kinder auf die Suche gehen könnt nach dem König der Welt, der so ganz anders kommt, als wir es erwarten.

● *Lied:* Damit aus Fremden Freunde werden (EG RT, LJ 482)

(Dabei werden die Schriftrollen ausgeteilt. Fürbitten und Schlussgebet bitte aktuell vorbereiten.)

● *Lied:* O du fröhliche (EG 44, LJ 45)

Segen

Ohne Engel geht es nicht

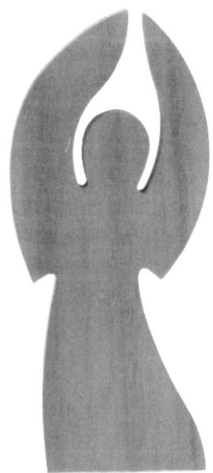

Weihnachtsglück

Kurt Rainer Klein

Vorbemerkungen

Zum Text
Das Spiel thematisiert die Frage nach dem Glück: Ist Glück Geld oder Macht – oder Liebe, die einem entgegengebracht wird? Was hat das Kind im Stall von Bethlehem mit unserem Glück zu tun? Und wie verändert die Liebe unser Leben? Das versuchen die drei Gesellen und die drei Weisen jeweils auf ihre Weise herauszufinden.

Zur Aufführung
Das Spiel kommt mit sechs Personen aus, kann aber in jeder der fünf Szenen von neuen Spieler/innen gespielt werden, was insgesamt 15 Mitspieler/innen ergibt.

Personen

drei Gesellen
drei Weise

Requisten

Sitzhocker
Zwei Tische
Stern
Sternenkarte

1. Szene: Drei Gesellen im Wirtshaus: Was macht glücklich?

1. Geselle: Die Straßen von Bethlehem sind dermaßen voll in diesen Tagen.

2. Geselle: Alles nur, weil Kaiser Augustus eine Volkszählung angeordnet hat.

3. Geselle: Jeder, der aus Bethlehem stammt, kommt hierher.

1. Geselle: Für unsere Kneipen, Herbergen und Geschäfte ist das gar nicht schlecht.

2. Geselle: Du meinst, die können sich die Hände reiben?

3. Geselle: Natürlich, die gehören zu den klaren Gewinnern dieser Volkszählung.

Weihnachtsglück

1. Geselle: Du kannst förmlich sehen, wie deren Umsatz steigt.

2. Geselle: Volkswirtschaftlich gesehen also ein Plus für Bethlehem.

3. Geselle: Überhaupt ist es ja so, dass die Menschen wieder mehr Geld ausgeben.

1. Geselle: Das ist der Aufschwung. Es gibt weniger Arbeitslose.

2. Geselle: Und das schafft eine positive Stimmung in unserer Gesellschaft.

3. Geselle: Klar, der sogenannte psychologische Effekt.

1. Geselle: Wenn die Wirtschaftsprognosen nach oben zeigen, macht es wieder Spaß, Geld auszugeben.

2. Geselle: Das Börsenbarometer steigt.

3. Geselle: Und die Kauflust nimmt wieder zu.

1. Geselle: Es ist doch auch schön, wenn es den Leuten gut geht. Oder nicht?

2. Geselle: Ich weiß nicht, ob deswegen die Menschen glücklicher sind.

3. Geselle: Vielleicht kommt es doch eher auf andere Dinge an, um glücklich zu sein.

1. Geselle: Du hast recht: Geld macht nicht glücklich. Das zeigen alle Umfragen.

2. Geselle: Was nutzt dir alles Geld, wenn es dir z.B. an Gesundheit mangelt?

3. Geselle: Das Wohlfühlen hängt mehr daran, ob man geschätzt und geachtet wird.

1. Geselle: Ja, das ist es: Glücklich ist, wer sich geliebt und gebraucht fühlt!

2. Geselle: Darum kann eigentlich kein Herrscher glücklich sein.

3. Geselle: Du meinst, weil sie alle ungeliebt sind. Weil sie machthungrig ihren Willen durchsetzen und über Leichen gehen.

1. Geselle: Schau dir Herodes an. Was nützt ihm sein Geld und seine Macht?

2. Geselle: Glücklich ist er wohl nicht.

3. Geselle: Darum möchte ich mit ihm auch keineswegs tauschen.

● *Lied*

2. Szene: Die drei Weisen auf dem Weg nach Bethlehem

1. Der Stern

(Die Weisen sind noch zu Hause.)

1. Weiser: Dieser Stern hat etwas zu bedeuten. *(Deutet auf den Stern!)*

2. Weiser: Er ist so hell und klar zu sehen.

3. Weiser: In keiner unserer Karten ist er verzeichnet. *(Schaut in die Karte!)*

1. Weiser: Darum ist er eine ganz besondere Erscheinung.

2. Weiser: Und wir sehen dieses Licht mit bloßem Auge.

3. Weiser: Wie kommt diese Himmelserscheinung nur zustande?

1. Weiser: Mir scheint, Jupiter und Saturn verschmelzen.

2. Weiser: Und darum ist das Licht so hell und klar.

3. Weiser: Was will uns dieses Licht nur sagen?

1. Weiser: Saturn ist seit alters der Stern der Juden.

2. Weiser: Gewiss, er steht im Westen, über dem jüdischen Land.

3. Weiser: Wer wird uns wohl mehr darüber sagen können?

1. Weiser: Lasst uns aufbrechen und nach Jerusalem ziehen.

Weihnachtsglück **115**

2. Weiser:	Du willst zu König Herodes gehen?!
3. Weiser:	Was wollen wir denn bei ihm?
1. Weiser:	Wenn diese helle Himmelserscheinung der Stern der Juden ist, dann heißt das, dass ein neuer König zur Welt gekommen ist.
2. Weiser:	Wir wollen also schauen, ob sein Stern in Jerusalem aufgegangen ist.
3. Weiser:	Das klingt interessant. Es macht mich richtig neugierig.
1. Weiser:	Dann lasst uns aufbrechen und sehen.
2. Weiser:	Wir folgen dem Stern und suchen den neuen König.
3. Weiser:	Im Palast des Herodes in Jerusalem wollen wir nachfragen.

● *Lied*

2. Der Weg

(Die Weisen sind unterwegs, nachdem sie bei Herodes in Jerusalem waren.)

1. Weiser:	Das war aber ein merkwürdiges Gespräch. Unser Erscheinen im Palast zu Jerusalem hat Aufregung gebracht. Alle waren sie erschrocken!
2. Weiser:	Herodes hat Angst um seine Macht. Ein neuer König – wo soll der herkommen, wenn nicht aus dem Palast in Jerusalem?
3. Weiser:	Aus Bethlehem, wie uns die Schriftgelehrten und Hohenpriester es sagten.
1. Weiser:	Ja, sie haben in ihren alten Schriften geforscht und Hinweise gefunden.
2. Weiser:	Bei Jesaja haben sie gefunden: »Und es wird ein Reis hervorgehen aus dem Stamm Isais und ein Zweig aus ihrer Wurzel Frucht bringen. Auf ihm wird ruhen der Geist des HERRN, der Geist der Weisheit und des Verstandes, der Geist des Rates und der Stärke, der Geist der Erkenntnis und der Furcht des HERRN.« *(Jesaja 11,1f)*

3. Weiser:	Der Prophet Micha hat vorausgesagt: »Und du, Bethlehem Efrata, die du klein bist unter den Städten in Juda, aus dir soll mir der kommen, der in Israel Herr sei, dessen Ausgang von Anfang und von Ewigkeit her gewesen ist.« *(Micha 5,1)*
1. Weiser:	Darum ziehen wir jetzt nach Bethlehem und lassen Herodes hinter uns.
2. Weiser:	Von wegen, wir sollen Herodes sagen, wenn wir das Kind gefunden haben.
3. Weiser:	Das könnte ihm so passen. Dass er Böses im Schilde führt, hat er vor uns nicht verbergen können.
1. Weiser:	Er fürchtet um seine Macht und wird alles tun, sie zu erhalten. Da ist Herodes jedes Mittel recht.
2. Weiser:	Wir lassen uns von ihm nicht missbrauchen.
3. Weiser:	Wir sind nicht seine Sklaven, sondern freie selbstdenkende Menschen.
1. Weiser:	Was ist schon seine Macht wert? Alles ist vergänglich!
2. Weiser:	Er kann den neuen König nicht verhindern.
3. Weiser:	Auch dann nicht, wenn er alle Neugeborenen umbringen lässt.
1. Weiser:	Die Verheißungen der alten Schriften werden sich erfüllen.
2. Weiser:	Gott wird mit dem neuen König sein.
3. Weiser:	Darum wird seine Macht nicht von dieser Welt sein.
1. Weiser:	Er wird mit Weisheit und Liebe regieren.
2. Weiser:	Und er wird die Menschen Mensch sein lassen.
3. Weiser:	Und die Menschen werden mit Gott versöhnt werden!

● *Lied*

3. Die Erkenntnis
(Die Weisen im Gasthaus nach ihrem Besuch im Stall zu Bethlehem.)

1. Weiser: Über dem Stall von Bethlehem stand der Stern.

2. Weiser: So haben wir den neuen König der Juden gefunden.

3. Weiser: Ein Kind, gerade geboren, wenige Stunden alt.

1. Weiser: Da hat es gelegen in diesem Stall ...

2. Weiser: ... auf Heu und auf Stroh ...

3. Weiser: ... zwischen Ochs und Esel ...

1. Weiser: ... in einer Futterkrippe.

2. Weiser: Maria und Josef schauten zufrieden aus.

3. Weiser: Und ihr Kind war schön anzusehen.

1. Weiser: Was war das für ein Gefühl, als wir diesen Stall betreten haben!

2. Weiser: Ich weiß nicht, ob es mehr Erstaunen oder doch mehr Freude war?

3. Weiser: Mit vor Aufregung zittriger Hand habe ich mein Geschenk überreicht.

1. Weiser: Doch mit einem Male wurde ich in diesem Stall ganz ruhig.

2. Weiser: So ging es auch mir: Eine wundersame Atmosphäre war in diesem Raum.

3. Weiser: Diese Stimmung hat uns alle verändert.

1. Weiser: Jetzt sind wir wieder auf dem Weg nach Hause.

2. Weiser: Wir haben dem Kind unsere Geschenke gebracht und es angebetet.

3. Weiser: Aber wir nehmen auch etwas mit in unseren Alltag.

1. Weiser:	Ich nehme die Gewissheit mit, dass die Liebe die stärkste Macht auf Erden ist.
2. Weiser:	Wo ich geliebt werde, spüre ich, dass mir neue Kräfte wachsen.
3. Weiser:	Die Liebe ist es, die unser Leben wunderbar verändern kann.

● *Lied*

3. Szene: Drei Gesellen im Wirtshaus: Auf der Suche nach dem Glück!

(Nachdem die Weisen das Gasthaus verlassen haben.)

1. Geselle:	Was waren denn das für drei Gesellen, die da drüben am Fenster saßen?
2. Geselle:	Du meinst die Fremden, denen man ansah, dass sie nicht von hier sind.
3. Geselle:	Sie sprachen mit einem ostländischen Akzent.
1. Geselle:	Ich habe ein wenig ihr lebhaftes Gespräch belauscht.
2. Geselle:	Ihre bewegte Unterhaltung war auch nicht zu überhören.
3. Geselle:	Was hast du mitbekommen? Lass es uns wissen.
1. Geselle:	Sie haben von einem neuen König gesprochen, der in Bethlehem zur Welt gekommen sei.
2. Geselle:	Von einem Kind sprachen sie. In einem Stall sei es zur Welt gekommen.
3. Geselle:	Ein Kind – ein König – eine kuriose Geschichte!
1. Geselle:	Nicht so voreilig. Das waren gelehrte Männer. Sternenkundige.
2. Geselle:	Sie sprachen von einem Stern, der ihnen den Weg nach Bethlehem gezeigt hat.
3. Geselle:	Nicht zu glauben, was sich hier alles herumtreibt! Die Volkszählung bringt die merkwürdigsten Leute nach Bethlehem.

Weihnachtsglück **119**

1. Geselle:	Ich habe gehört, wie sie von einem Mann mit Namen Josef und einer Frau, Maria heißt sie, sprachen. Sie hat ein Kind geboren, dessen Namen Jesus sei.
2. Geselle:	Unsere alten Propheten hätten seine Geburt geweissagt. Und die Schriftgelehrten des Herodes hätten sie hierher nach Bethlehem geschickt.
3. Geselle:	Ich fasse es nicht. Mir verschlägt es glatt die Sprache.
1. Geselle:	Nun, diese Männer haben mich neugierig gemacht.
2. Geselle:	Das ist ja auch eine spannende Geschichte. Sie stimmt mich nachdenklich.
3. Geselle:	Meint ihr wirklich, wir sollten uns darüber unsere Gedanken machen?
1. Geselle:	Na hör mal: Vielleicht steckt dahinter eine Sensation!
2. Geselle:	Sozusagen ein neuer Anfang, eine neue Zeitrechnung.
3. Geselle:	Ihr übertreibt!
1. Geselle:	Wenn hier in Bethlehem ein neuer Stern aufgegangen ist, dann strahlt sein Licht in die ganze Welt.
2. Geselle:	Kommt, lasst es uns mit eigenen Augen sehen!
3. Geselle:	Du meinst, wir suchen den Stall und das neugeborene Kind.
1. Geselle:	Ja, kommt lasst uns gehen! Wir sollten keine Zeit verlieren.
2. Geselle:	Suchen wir unser Glück! Vielleicht macht uns dieses Kind glücklich!
3. Geselle:	Auf, dann lasst uns gehen und sehen – das Kind im Stall zu Bethlehem!

Himmlische SMS

Michaela Deichl

Vorbemerkungen

Zum Text
Manche Menschen haben vergessen, was Weihnachten bedeutet. Wie kann man die Herzen der Menschen mit der Weihnachtsbotschaft bewegen? Die Engel haben eine witzige Idee. Sie haben ein Handy von der Erde geholt und schreiben an verschiedene Leute eine SMS. Das bleibt nicht ohne Wirkung.
Auch sonst wartet das Stück mit originellen Elementen auf. Mitten in die Überlegungen der Engel, wie sie die Menschen für Weihnachten begeistern können, platzt z. B. ausgerechnet der Osterhase.

Zur Aufführung
Je nach Anzahl der Spieler/innen können einige auch eine Doppelrolle übernehmen. Da nicht alle Szenen aufeinander aufbauen, kann man teilweise auch kürzen.

Personen

Sprecher/in	vier Jungengel	Herr Mühsam
Mutter	Osterhase	Alte Dame
Kind	Maria	1. Mädchen
1. Engel	Josef	2. Mädchen
2. Engel	Moderatorin	Hirte
3. Engel	Professor Sternchen	drei kleine Hirten (ohne Text)

Requisten

| Krippe | mehrere Sessel | Bastelei |
| Handy | Topf | |

Sprecher/in: Kommt herbei von Nah und Fern
Weihnachten feiern das wollen wir gern.

Für manche jedoch ist es nicht wirklich wichtig.
Und später erst begreifen sie richtig,
dass Gottes Liebe vom Himmel fällt
und Herzen und Seelen mit Licht erhellt.

Die alte Geschichte erwacht zum Leben
und kann uns allen etwas geben.
Wir sehen und spüren, Gott ist ganz nah.
Denn dafür speziell ist Weihnachten da.

Himmlische SMS

Wir nehmen euch mit in das Weihnachtsgeschehen
und dabei werdet ihr einiges sehen.
Und hören, um was es wirklich geht.
Für die Begegnung mit Gott ist es nie zu spät.

Lasst euch berühren vom Kind im Stall
und hört der Engel himmlischen Schall.
Sie verkünden begeistert: Halleluja!
Christ ist geboren. Der Retter ist da.
(Er/Sie verbeugt sich und geht ab.)

1. Szene: Mutter und Kind

Kind: Mama, was machen wir an Weihnachten?

Mutter: Nichts.

Kind: Wie nichts?

Mutter: Weihnachten – dafür sind wir viel zu fortschrittlich. Daran glaubt doch keiner mehr.

Kind: Ja, aber ...

Mutter: Schluss damit. Es wird nicht gefeiert. Papa muss auch länger arbeiten und kommt erst später dazu.

Kind: Ja aber – das Jesuskind in der Krippe.

Mutter: Das sind doch alles alte Geschichten! Wir machen uns einfach so einen schönen Abend. Es gibt Raclette und wir spielen Uno.
(geht ab)

Kind: *(schaut traurig zu Boden)*
Ich könnte beten. Das hilft bestimmt. Gott hört immer zu. Vielleicht hat er eine Idee. Er ist schließlich richtig schlau!
(geht ab)

● *Lied:* Lied: Hört der Engel helle Lieder (EG 54; LJ 52) oder:
Engel auf den Feldern singen (DS 150 – gleiche Melodie)

2. Szene: Im Himmel
(drei Engel und vier Jungengel)

1. Engel:	So und jetzt noch mal!
Vier Jungengel:	*(rufen laut)* Halleluja! Der Retter ist da!
1. Engel:	Das klingt prima. Ihr dürft also beim großen Engelchor zum ersten Mal dabei sein.
Vier Jungengel:	Hurra! *(Sie laufen weg.)*
2. Engel:	Ist ja süß! Und wie läuft es sonst? So mit Weihnachten meine ich.
1. Engel:	Es ist ungeheuerlich. Die Menschen wissen überhaupt nicht mehr, was Weihnachten bedeutet.
2. Engel:	Dabei tut es doch so gut. Es tut allen gut. Aber viele wissen das wohl nicht mehr.
3. Engel:	Es ist keine Liebe mehr in der Welt. Die Menschen lassen ihr Herz nicht mehr sprechen.
2. Engel:	Und sie hören nicht mehr auf Gottes leise Stimme. Das ist traurig, echt traurig.
Osterhase:	*(kommt angehoppelt)* Hallöchen, ihr Süßen!
2. Engel:	Nanu, was machst du denn hier?
Hase:	Na was wohl? Ich gehe jetzt Eier austragen.
3. Engel:	Moment mal. Heute ist Weihnachten, nicht Ostern!
Hase:	Upps. Da muss ich meinen Frühlingswecker falsch gestellt haben. Na dann komme ich später wieder. *(Er hoppelt weg.)*
2. Engel:	So ein Chaot. Aber immer fröhlich.

1. Engel:	Hör mal. Ich hab eine Idee. Schau mal, was ich habe.
3. Engel:	Ein Handy! Hier oben. Ist das erlaubt?
1. Engel:	Keine Ahnung. Ich habe mal besser gar nicht erst gefragt und hab das Handy auf meiner Wolke versteckt.
2. Engel:	Soso. Hm, lass mal sehen.
1. Engel:	Die Menschen benutzen das dauernd.
3. Engel:	Können wir so ein Ding verschicken – wie heißt das noch mal?
1. Engel:	Eine SMS?
3. Engel:	Ja, genau. Das wollte ich schon immer mal.
1. Engel:	*(tippt)* Am Besten zum Thema. Vielleicht können wir so etwas in Gang bringen.
2. Engel:	Du meinst die Menschen auf Trab bringen?
3. Engel:	Dass sie doch verstehen, warum Weihnachten wichtig ist?
1. Engel:	Ja – ich habe da schon eine richtig gute Idee. Und ein bisschen witzig ist es auch.

3. Szene: Maria und Josef

Josef:	Maria, es tut mir leid, dass wir nirgends Platz gefunden haben.
Maria:	Ach, Josef. Hier ist es wenigstens warm. Und unser Kind hat einen Platz, wo es schlafen kann.
Josef:	Schau nur, wie friedlich es aussieht.
Maria:	Ich hoffe, es verändert sich dadurch etwas im Leben der Menschen.
Josef:	Das tut es sicher. Wenn Gott zur Welt kommt, dann kann nichts bleiben, wie es ist. Dann kommt Bewegung in die Welt.

● Chor: Komm, Jesus, komm, die Herzen berühren *(Noten Seite 130)*

4. Szene: Mutter und Kind

Mutter: Komisch. Ich habe eine SMS bekommen. Von jemandem, der »Engel« heißt. Da steht: »Mach dich zum Stalle auf.« Zu welchem Stall denn?

Kind: Das ist ein Rätsel. Wir müssen den Stall finden.

Mutter: Also ich weiß nicht.

Kind: Doch, statt Uno spielen, suchen wir den Stall.

Mutter: *(seufzt)*
Also gut. Ich hoffe nur, da stinkt es dann nicht nach Kuhmist. Wenn wir ihn überhaupt finden. Naja, frische Luft hat noch niemandem geschadet. *(Beide gehen ab.)*

5. Szene: Im Fernsehstudio

(Moderatorin und Professorin Sternchen)

Moderatorin: Guten Abend liebe Zuschauerinnen und Zuschauer. Wir freuen uns heute, am 24. Dezember, Frau Professorin Doktor Sternchen in unserer Sendung begrüßen zu können.
Werte Frau Professorin Sternchen. Sie sind Spezialistin in Sachen Weihnachten.

Sternchen: Ja, durchaus. Das kann man sagen. Ich habe lange geforscht und viele Theorien entwickelt.

Moderatorin: Wir feiern, weil Jesus geboren ist. Das ist richtig, oder?

Sternchen: Ja. Durchaus. An Heiligabend sind die längste Nacht und der kürzeste Tag. Danach werden die Tage wieder länger.

Moderatorin: Und was bedeutet das?

Sternchen: Dass mit der Ankunft des Gottessohnes Licht in die Welt kommt und es immer heller wird. Ein Symbol, wenn Sie verstehen, was ich meine.

Himmlische SMS **125**

Moderatorin:	Was würden sie den Zuschauern raten: Wie versteht man denn so richtig, was Weihnachten ist?
Sternchen:	Das ist das Besondere. In all den Jahren habe ich eines gelernt: Man kann Weihnachten nicht begreifen.
Moderatorin:	Aber man kann doch verstehen, was in der Bibel steht, über die Geburt und über die Liebe Gottes.
Sternchen:	Ja, das ist das eine. Aber was Weihnachten wirklich bedeutet – das kann man nur mit dem Herzen begreifen.
Moderatorin:	Und wie macht man das?
Sternchen:	Man folgt ganz einfach seiner Sehnsucht. Der Sehnsucht nach Liebe und Frieden. Gott schenkt uns das, wenn wir offen dafür sind. Wenn wir den Weihnachtszauber auf uns wirken lassen.
Moderatorin:	Also vielen Dank. Das ist ja wirklich interessant. Dann werde ich heute Abend wohl doch noch in die Kirche gehen müssen.
Sternchen:	Das ist auf jeden Fall ein Anfang.
● *Lied:*	Ihr Kinderlein kommet (DS 158; EG 43; LJ 44)

6. Szene: Bei einer alten Dame
(Alte Dame und Herr Mühsam)

Herr Mühsam: *(Er klopft an die Tür.)*
Eigentlich wollte ich nur den Topf zurückbringen, den ich mir geliehen habe. Aber – also. Entschuldigung. Ich trinke nie, aber heute brauche ich einen Schnaps. Ich habe zwei Engel gesehen.

Alte Dame: Also, Herr Mühsam, das klingt ja ziemlich fantastisch. Aber heute ist Weihnachten. Da ist alles möglich! Ich weiß das. Schließlich war ich 30 Jahre Religionslehrerin. Da erlebt man einiges.

Herr Mühsam: Ich glaube nicht an Engel und ich glaube nicht an Gott.

Alte Dame: Das ändert nichts daran. Gott kommt trotzdem auf die Welt. Und das wird einiges verändern.

Herr Mühsam:	Wenn es ihn wirklich gibt, dann frage ich mich, warum er mich allein lässt. Ich habe niemanden, der mit mir Weihnachten feiert. Seit meine Frau gestorben ist – naja und die Kinder sind weit weg im Ausland.
Alte Dame:	Das tut mir leid.
Herr Mühsam:	Was ist das? Eine SMS. Da steht: Wenn du Gott suchst, folge dem Stern.
Alte Dame:	Ich denke wir sollten gehen.
Herr Mühsam:	Aber wieso? Und wohin?
Alte Dame:	Sie haben es doch gelesen. Wir folgen einfach dem Stern. *(Beide gehen ab.)*

7. Szene: Zwei Mädchen

1. Mädchen:	Was ist denn das für eine komische Bastelei?
2. Mädchen:	Die will ich dem Jesuskind schenken.
1. Mädchen:	Du spinnst ja. *(lacht)* Wo soll das denn sein?
2. Mädchen:	In der Krippe, das weiß doch jeder. Und es ist ganz lieb. Und es hat die Menschen lieb.
1. Mädchen:	So ein Quatsch, das ist doch nicht echt.
2. Mädchen:	Ist es doch.
1. Mädchen:	Träum weiter. So was Hässliches. Das gehört in den Müll. *(Sie nimmt ihr die Bastelei weg.)*
2. Mädchen:	*(schreit)* Gib das sofort zurück.
1. Mädchen:	*(lacht und rennt weg)* Hol's dir doch!
2. Mädchen:	Das ist gemein! Komm zurück! *(rennt hinterher)*
● Chor:	Komm, Jesus, komm, die Herzen berühren *(Noten Seite 130)*

Himmlische SMS

8. Szene: Hirten
(Hirte, drei kleine Hirten und 1. Mädchen)

1. Mädchen: Upps. Das ist ja seltsam. Ich habe eine SMS bekommen von jemand der »Engel« heißt. Da steht: Der Retter ist geboren. – Was soll das denn?

(Ein Hirte tritt auf, drei kleine Hirten begleiten ihn.)
1. Mädchen: Ich glaube, ich spinne. Was ist denn das? – Hey, Fasching ist erst in zwei Monaten.

Hirte: Richtig erkannt, Du Schlaumeier. Aber heute ist Weihnachten. Die Engel haben uns von der Geburt des Heilands erzählt und jetzt sind wir auf dem Weg dorthin.

1. Mädchen: Und wo soll das sein?

Hirte: Hier in Bethlehem. Das haben die Engel gesagt.

1. Mädchen: Aber hier ist nicht Bethlehem. Hier ist ... *(Ortsnamen einfügen)*

Hirte: Bethlehem ist überall. Du wirst es schon noch merken. Wir müssen weiter. Du kannst ja mitkommen.
(Der Hirte und die kleinen Hirten laufen weiter.)

1. Mädchen: Was ist denn heute nur los? Am Besten ich gehe wirklich mal hinterher.

● *Lied:* Kommet ihr Hirten (DS 153; EG 48; LJ 47)

9. Szene An der Krippe
(Die Hirten und Engel stehen an der Krippe. Das 1. Mädchen kommt dazu, das 2. Mädchen steht am Rand.)

1. Mädchen: Das gibt's doch nicht.

Maria: So wie du aussiehst, wolltest du das da doch sicher zurückgeben? *(Sie zeigt auf die Bastelei.)*

1. Mädchen: Das, was – ach so. Nein. Ich meine ja. Hier.
(Sie gibt die Bastelei zurück.)
Ich fühle mich ganz komisch. Mir ist so warm ums Herz.

2. Mädchen:	Danke. Ich wusste, dass du gar nicht so böse bist, wie du immer tust.
Josef:	Hier an der Krippe ist so viel Liebe. Das reicht für uns alle. Und für die ganze Welt.
Maria:	Es ist das, was die Menschen wirklich brauchen. Und wonach sie Sehnsucht haben. Nach jemandem, der sie lieb hat.

(Die alte Dame und Herr Mühsam kommen dazu.)

Alte Dame:	So, hier sind wir. Da sehen Sie. Da ist der Stern stehen geblieben. Und es sieht genauso aus, wie ich es mir immer vorgestellt habe.
Herr Mühsam:	Hier ist ja einiges los. Und das mit den Engeln wird wohl langsam zur Gewohnheit.
2. Mädchen:	*(Sie legt ihre Bastelei in die Krippe.)* Das ist für dich. *(zu Maria)* Oh, Jesus lacht. Er freut sich.
Maria:	Ja, er spürt sicher, dass dieses Geschenk von Herzen kommt.
Alte Dame:	Ach, ich bin ganz gerührt. Dass ich das noch erleben darf! Wissen Sie was, Herr Mühsam? Feiern Sie doch mit mir und meinen Enkeln, die später noch kommen.
Herr Mühsam:	Das würde ich gerne tun. Gerade eben, da haben doch meine Kinder angerufen, völlig überraschend. Stellen Sie sich vor: Sie sind auf dem Weg hierher. Ich freue mich so. Dabei habe ich nicht genug zum Essen im Haus. Da muss ich mir noch was überlegen.
Alte Dame:	Wissen Sie was? Wir feiern gemeinsam und teilen das, was wir haben.
Herr Mühsam:	Das ist eine wunderbare Idee. Und es passt zu Weihnachten, oder? Und irgendwie ist es doch so, dass Gott für uns sorgt. Das habe ich heute begriffen.

(Mutter und Kind kommen zur Krippe.)

Mutter:	Tatsächlich, Ein Stall. Und es riecht gar nicht nach Kuhmist hier.

Kind:	Siehst du. Oh, schau nur, das Jesuskind. Gott hat mich erhört. Jetzt gibt es doch Weihnachten!
Mutter:	Das ist ja seltsam. Mir ist, als hätte das Kind mir mitten ins Herz geschaut. *(zu ihrem Kind)* Jetzt erinnere ich mich wieder, was Weihnachten ist. Damals, als ich selbst ein Kind war, da war es mir wichtig.
Kind:	Du hattest es also einfach nur vergessen.
Mutter:	Ja, das hab ich wohl. Ich schicke Papa jetzt eine SMS, damit er uns findet.
Kind:	Wahrscheinlich hat Gott ihn sowieso schon hierher geschickt.
Alte Dame:	Jetzt ist wirklich Weihnachten.
Mutter:	Ja, ich spüre es. Seit Langem bin ich wieder einmal so richtig glücklich.
Maria:	Weihnachten ist ganz wirklich. Es ist wirklich, wenn es in den Herzen der Menschen lebt.
Josef:	Manche Menschen müssen das erst entdecken. Aber ich spüre, von heute an wird es heller werden in der Welt.

Schluss

1. Mädchen:	Dies Kind ist so klein, doch es rettet die Welt. Von Hass und von Streit war so vieles entstellt.
Kind:	Schaut auf das Kind, schaut in sein Gesicht. Über allem Dunkel strahlt jetzt sein Licht.
Herr Mühsam:	In seinem Licht enden Hass und Streit, und Liebe und Frieden berühren die Zeit.
2. Mädchen:	Gott schenkt uns mitten in der Zeit ein Stückchen von der Ewigkeit.
1. Engel:	Lass doch dein Herz nun ruhiger werden, Gott – er ist da, hier schon auf Erden.

Hirte:	Lass Gottes Nähe dich berühren. Lass dich von ihm zur Krippe führen.
Alte Dame:	Denn Ruhe nur und Ziel und Sinn, die schenkt dir Gott. Drum gehe hin.
Maria:	Voll Liebe wartet er auf dich, vertrau ihm nur und fürcht dich nicht.
Alle zusammen:	Er streckt die Arme aus nach dir. Lass dich umarmen und bleib hier. *(Alle verbeugen sich und gehen an ihre Plätze.)*
● *Lied*	Stille Nacht (DS 159; EG 46; GL 145; LJ 46)

Komm, Jesus, komm, die Herzen berühren

Text: Michaela Deichl, Melodie: Kathrin Kirn-Rodegast, (bearbeitet von Kurt Rainer Klein), Rechte bei den Autorinnen

Ohne Engel geht es nicht
Jessica Scherer

Vorbemerkungen

Zum Text
Das Stück nimmt uns mitten hinein in die Vorbereitungen für ein Krippenspiel. Alle Darsteller/innen sind da, nur keine Engel. Geht es auch ohne Engel?
Der Versuch scheitert, denn wie sollen die Hirten von der Geburt des Kindes erfahren haben?
Gott sei Dank retten die Engel dann doch noch das Krippenspiel.
Ein besonderer Zug dieses Stückes ist, dass Mitarbeitende in ihrer eigenen Rolle einbezogen sind. Dazu passt dann auch, dass am Ende alle Anwesenden als »Engel« gewürdigt und beauftragt werden.

Zur Aufführung
Das Stück setzt einen Kirchenraum mit Empore voraus. Wo die örtlichen Gegebenheiten anders sind, muss das Spiel entsprechend angepasst werden. Auch die anderen Spielorte müssen festgelegt werden.

Personen

Mitarbeiter/in	Augustus	drei Wirte
zwei Kinder	vier Boten	Wirtstochter
Maria	Esel	vier Hirten
Josef	mindestens ein Schaf	drei Engel
Nachbar	Mann	

Spielorte

Krippenspielprobe	in Nazareth	Stall
Palaust des Herodes	bei den Wirtsleuten	Hirtenfeld

1. Szene: Bei der Krippenspielprobe

(Vor dem Altar sitzen die Kinder auf Stühlen, die Mitarbeiter/in steht mittendrin.)

Mitarbeiter/in: Dann haben wir alle Rollen verteilt, oder? Dann bekommt ihr jetzt eure Kostüme.
(Darsteller werden langsam der Reihe nach aufgerufen und bekommen ihre Kostüme in die Hand gedrückt.)
Josef ... Maria ... Wirte und Wirtsfrauen ... Hirten ... Schafe ... Augustus ... der Bote ...
(Die Kinder ziehen Ihre Kostüme an, räumen die Stühle weg und bleiben an der Seite stehen.)
... und zum Schluss die Engel. *(Schweigen)*
Ja, wer war denn ein Engel?

1. Schaf:	Also ich nicht, Määäh!
Augustus:	Ich auch nicht!
Maria:	Und ich schon gar nicht.
Mitarbeiter/in:	Aber das kann doch gar nicht sein. Mindestens einen Engel brauchen wir doch! Das wäre ja was ganz Neues: Weihnachten ohne Engel!
1. Kind:	Warum soll das nicht klappen? So eine große Rolle haben die Engel schließlich nicht in dem Stück. Dann können wir sie auch direkt weglassen. Das fällt doch gar nicht weiter auf.
2. Kind:	Genau! Fangen wir jetzt endlich an? Ich muss gleich noch zum Fußball.
Mitarbeiter/in:	Wenn ihr meint, aber beschwert euch nachher nicht bei mir.

● *Lied* *(Alle gehen inzwischen auf ihre Plätze.)*

2. Szene: Palast des Augustus

Augustus:	Nein, nein, nein. So geht das nicht weiter. Ein paar Leute hier, ein paar andere dort ... Wer soll da den Überblick behalten? Ich kann doch die Leute die ihre Steuern bezahlt haben, nicht wegsperren, damit ich keinen übersehe ... Mal überlegen. *(Boten kommen.)*
Alle Boten:	Ihr habt uns rufen lassen?
Augustus:	Ja, bringt diese Nachricht in jede Ecke meines Landes, auf dass sie jeder Mensch hört: »Hört Bewohner Israels, was euer Kaiser Augustus befiehlt: Jeder Mann soll sich mit seiner Familie in der Stadt einfinden, in welcher er geboren wurde. Dort hat er sich zu melden, auf dass er in die Steuerliste eingetragen wird. Wer sich diesem Befehl widersetzt, wird festgenommen. Das ist der Wille des Herrschers.« So, und nun eilt, damit wir diese Angelegenheit schnellstens erledigen können.
Alle Boten:	Sehr wohl, mein Kaiser. *(Die Boten gehen erst zusammen, verteilen sich dann in verschiedene Bereiche der Kirche (Empore, Eingang, Altarraum ...)*

Ohne Engel geht es nicht

1. Bote:	Hört Bewohner Israels, was euer Kaiser Augustus befiehlt:
2. Bote:	Jeder Mann soll sich mit seiner Familie in der Stadt einfinden, in welcher er geboren wurde.
3. Bote:	Dort hat er sich zu melden, auf das er in die Steuerliste eingetragen wird.
4. Bote:	Wer sich diesem Befehl widersetzt, wird festgenommen. Das ist der Wille des Kaisers. *(Die Boten gehen weg, Josef betritt den Altarraum.)*
Josef:	Das kann doch nicht wahr sein! Erst erfahre ich, dass Maria schwanger ist, ja dass das Kind auch schon bald auf die Welt kommt, obwohl wir noch nicht verheiratet sind. Dann träume ich, das ich auf jeden Fall bei ihr bleiben soll, weil es Gottes Wille ist. Und jetzt soll ich auch noch mit ihr nach Bethlehem reisen? Das kann doch nur ein Alptraum sein.
Maria:	*(Sie läuft auf Josef zu.)* Josef! Hast du gerade den Boten des Kaisers gehört? Wie sollen wir das denn schaffen? Ich kann doch jetzt keine weite Reise mehr machen. Das Kind kommt doch bald auf die Welt.
Josef:	Was soll ich den machen? Wir können uns dem Kaiser nicht widersetzen, sonst landen wir im Gefängnis.
Nachbar:	*(kommt dazu)* Vielleicht kann ich euch helfen. Ich habe einen Esel, den ich euch für diese Reise leihen kann, so dass Maria nicht den ganzen Weg laufen muss. Und das Gepäck kann er auch tragen. Dein Geschäft übernehme ich solange und passe darauf auf.
Josef:	Das würdest du für deine Nachbarn tun?
Nachbar:	Wofür sind wir denn Freunde? Außerdem haben wir keinen Einfluss darauf, was sich Augustus als nächstes ausdenkt.
Maria:	Wir danken dir von Herzen. Ich glaube, so können wir schon nach Bethlehem reisen.

● *Lied (Während des Liedes bringt der Nachbar den Esel, packen Josef und Maria ihre Tasche und gehen los. Wenn sie in der Mitte der Kirche stehen, geht es weiter.)*

Josef:	Endlich haben wir Bethlehem erreicht. Nun muss ich mich nur noch melden und dann können wir wieder zurück Ist bei dir alles in Ordnung?
Maria:	Ich bin o.k. Außerdem muss der arme Esel alles tragen. Vielleicht könnten wir eine kleine Pause machen?
Josef:	Ruht ihr euch hier aus und ich lass uns in die Listen eintragen. Wenn ich nur wüsste, wo diese Meldestelle ist. Nirgends sieht man Hinweisschilder!
Maria:	Frag doch den Mann dort vorne. Er kann uns vielleicht weiterhelfen.
Mann:	Wobei soll ich euch helfen?
Josef:	Wo ist denn die Meldestelle für die Steuerlisten? Wir sind schon lange unterwegs und wollen schnell wieder nach Hause. Aber ich weiß nicht, wo wir hin müssen.
Mann:	Da seid ihr für heute leider zu spät dran. Die Meldestellen haben geschlossen. Erst morgen nach Tagesanbruch könnt ihr dorthin. Wohl oder übel braucht ihr eine Herberge. Vor allem deine Frau sieht sehr müde aus.
Josef:	Das kann doch jetzt nicht wahr sein! Jetzt haben wir uns so beeilt und sind trotzdem zu spät. Maria, bitte warte hier auf mich. Ich werde sehen, ob ich ein Zimmer für uns finden kann.
Mann	Keine Sorge. Eine Weile kann ich auf sie aufpassen, aber bei der Zimmersuche kann ich dir nicht helfen.
Maria:	Ist schon gut, Josef. Mir geht es gut und du findest gleich ein Zimmer für uns. Bestimmt!
	(Maria und der Mann bleiben am Ort, Josef kommt nach vorn. Unterwegs spricht er den ersten Wirt an.)
Josef:	Herr Wirt, habt ihr noch ein Zimmer für mich und meine Frau? Ein kleiner Raum würde schon reichen.
1. Wirt:	Da kommst du zu spät. Wir sind voll belegt. Diese Steuerlistensache holt zu viele Leute hier her als dass sie alle in den Herbergen Platz finden. Versuch dein Glück woanders!

Ohne Engel geht es nicht

Josef:	He, Wirtsleute. Ist jemand da?
2. Wirt:	Was schreist du denn so? Ich bin doch nicht taub!
Josef:	Verzeih, aber ich habe es eilig. Ich habe einen langen Weg hinter mir und meine Frau braucht ein Zimmer, wo sie sich ausruhen kann. Sie ist schwanger und das Kind kann jeden Tag kommen. Könnt ihr uns weiterhelfen?
2. Wirt:	Tut mir leid, wir sind völlig ausgebucht. Sogar in unseren Stall nebenan haben wir schon Leute einquartiert. Aber warte mal ... *(ruft seinen Nachbarn)* Hey!
3. Wirt:	Was ist denn los? Ist was passiert?
2. Wirt:	Hier ist ein Mann, der dringend einen Schlafplatz für sich und seine Frau braucht. Auch erwartet seine Frau noch bald ein Kind. Aber ich habe wirklich keinen Platz mehr, sogar im Stall ist es voll. Kannst du ihm nicht helfen?
3. Wirt:	Bei mir stapeln sich die Gäste schon, aber warte. Mit dem Stall, das ist eine gute Idee. *(zu Josef)* Ich habe etwas außerhalb einen leeren Schafstall. Die Schafe sind mit den Hirten zur Zeit auf einer entfernten Weide. Wenn es dir nichts ausmacht, dass es nur ein Stall ist, kann dich meine Tochter dorthin bringen.
Josef:	Mir ist alles recht, solange wir einen Platz zum Schlafen haben. Vielen Dank
2. Wirt:	Warte, hier sind noch ein paar Decken, die ich entbehren kann und etwas zu essen. *(Er gibt Josef ein Bündel und ein Brot. Damit geht Josef zusammen mit der Wirtstochter zurück zu Maria und dem Mann.)*
Mann:	Sieht so aus, als ob du Glück hattest bei deiner Zimmersuche. Dann kann ich mich auf den Heimweg machen. Lebt wohl und noch viel Glück, Maria.
Maria:	Vielen Dank guter Mann. Und Josef, wo ist die Herberge und wer ist das Mädchen?
Mädchen:	Ich heiße Ruth und soll euch zu dem Stall bringen, wo ihr schlafen könnt, hat mein Papa gesagt.

Maria:	Stall? Josef, was meint sie?
Josef:	Na ja, in der Stadt sind alle Zimmer belegt und die Ställe ebenso, aber etwas weiter draußen ist noch der Stall dieser Familie frei, wo wir übernachten können.
Maria:	Ach du meine Güte! Nun gut, wenn es nicht anders geht.
Mädchen:	Kommt mit. Es ist nicht weit. *(Orgelmusik, Maria, Josef und das Mädchen gehen nach vorn. Dort sind Krippe und Hocker bereitgestellt.)* So, hier sind wir. Papa hat letzte Woche noch alles repariert.
Josef:	Vielen Dank. Aber findest du den Weg allein nach Hause? Es ist schon ziemlich dunkel draußen. Verirrst du dich nicht?
Mädchen:	Ich doch nicht. Schließlich spiele ich schon lange hier. Ich kenne mich aus. Gute Nacht.
Josef:	Und weg ist sie. So Maria, warte noch etwas und ich baue alles auf. Dann ist es richtig gemütlich und morgen regeln wir den Rest.

● *Lied*

(Jesus wird geboren und in die Krippe gelegt. Die Hirten gehen in die Mitte der Kirche.)

1. Hirte:	Das kann doch wohl nicht wahr sein!
2. Hirte:	Was ist denn jetzt los?
1. Hirte:	Ja, habt ihr es denn nicht gehört?
3. Hirte:	Nein, wir haben nichts gehört außer dem Meckern der Schafe und deinem Geschrei. Also, was ist los?
1. Hirte:	Der Kaiser hat befohlen, dass alle Männer mit ihren Familien in die Stadt gehen, in der sie geboren wurden. Dort sollen sie sich zählen lassen.
2. Hirte:	Und was möchtest du uns damit sagen?
1. Hirte:	Keiner hat nach uns gefragt! Wir sitzen hier und hüten die Schafe, doch keinen Menschen interessiert das.

Ohne Engel geht es nicht **137**

4. Hirte:	Jetzt hör mal zu. Wir sind kleine Hirten und passen auf Schafe anderer Leute auf. Meinst du wirklich, jemand wie Augustus kümmert es, wenn wir fehlen? Und denk mal nach: Alle anderen sind unterwegs zu dieser Volkszählung. Wer soll auf die Schafe aufpassen? Sollen die etwa mit in die Stadt? – Nein, nein. Es ist ganz gut, dass wir hier sind.
2. Hirte:	Du hast recht, die Schafe verlassen sich darauf, dass wir sie beschützen.
1. Hirte:	Trotzdem finde ich es ungerecht. Lasst uns alles für die Nacht zurecht machen und die Schichten einteilen. Ich mach die erste Runde. Gute Nacht!

(Die Hirten legen sich hin, Josef steht auf. Stille entsteht, während die Szene als Standbild stehenbleibt, denn es fehlt etwas. Dann stürmt das 1. Kind zu den Hirten.)

1. Kind:	He, hallo! Macht ihr jetzt mal weiter? Oder schlaft ihr wirklich? *(Hirten stehen auf.)*
3. Hirte:	Womit sollen wir denn weitermachen? Ich habe erst nachher Wache.
2. Kind:	Du meine Güte, mit der Geschichte natürlich. Ihr müsst doch noch Maria und Josef besuchen und den Jesus begrüßen und Gott danken und so.
3. Hirte:	Klar, schreibst du mir noch eine SMS?
2. Kind:	Wozu das denn?
2. Hirte:	Die Weiden sind ein paar Kilometer entfernt vom Stall. Meinst du etwa, wir hören das Geschrei von Jesus bis hierher?
1. Kind:	Wie soll die Geschichte denn sonst weitergehen? Wenn die Hirten nicht zum Stall kommen, können sie nicht von der Geburt Jesu erzählen, und keiner kriegt was mit.
2. Kind:	Recht haben sie ja. Eigentlich bekommen sie von der Geburt gar nichts mit. Josef ist in der Bibel ja nicht durch die Gegend gerannt und hat allen von der Geburt erzählt.
1. Kind:	Aber wie geht's dann jetzt weiter? Soll ich etwa zu den Hirten gehen?

Mitarbeiter/in:	*(kommt nach vorne)* Denkt doch mal nach. Wer hat in der Bibel den Hirten Bescheid gegeben und gesagt, dass Jesus geboren wurde? Kleiner Tipp, steht in der Bibel.
1. Kind:	Die Hirten legten sich schlafen ...
2. Kind:	Dann war da ein großes Licht ...
1. Kind:	... und Musik kam vom Himmel.
Mitarbeiter/in:	Überlegt mal, wer hat gesungen? Wer hat den Hirten gesagt, was passiert ist?
1. Kind:	Die Engel.
2. Kind:	Ach ja!
Mitarbeiter/in:	Also brauchen wir doch Engel. Sonst kann die Geschichte nicht weitergehen. Aber woher nehmen und nicht stehlen. Alle haben jetzt eine Rolle. Augustus oder die Boten können doch keinen Engel spielen, wie sieht das denn aus. *(Drei kleine Kinder kommen nach vorne.)*
1. Engel:	Vielleicht können wir helfen.
2. Kind:	Was macht ihr denn hier?
2. Engel:	Wir haben euch zugeguckt und Engel könnten wir spielen, nur dürfen die nicht soviel Text haben. Ich kann noch nicht lesen.
3. Engel:	Ich frag meine Mama, ob die mir hilft. Dann kann ich etwas Text lernen. Aber nicht soviel wie der Josef!
Mitarbeiter/in:	Das ist super! Ich glaube, so kann es gehen. Schaut mal, hier sind die Kostüme, und dann dürft ihr auf die Empore gehen. Da stehen auch schon Bänke, damit ihr etwas sehen könnt. *(Engel gehen nach oben.)* So, dann singt mal.
1. Engel:	Was denn?
2. Kind:	Na, das »Ehre sei Gott« sonst wachen die Hirten ja gar nicht auf. *(Engel singen leise, ohne Orgel.)*

2. Hirte:	Könnt ihr mal anfangen!
2. Engel:	Wir haben doch gerade gesungen! Seid ihr taub?
1. Hirte:	Das war viel zu leise, da sind die Schafe ja lauter. *(Schafe meckern.)*
3. Engel:	Ich kann aber nicht lauter, sonst tut mir der Hals weh.
Mitarbeiter/in:	Ich glaube, das klappt doch nicht. Wir brauchen mehr Hilfe.
1. Kind:	Brauchen wir gar nicht!
Alle:	He? Wieso? Wohl? Sicher?
1. Kind:	Schaut doch mal nach oben, da ist genug Hilfe.
2. Kind:	Ich glaube, ich versteh nicht ganz.
1. Kind:	He, ihr Engel, dreht euch mal um. Hinter euch sind ganz viele Leute, die haben im Augenblick nichts Besseres zu tun und sitzen da fest.
Mitarbeiter/in:	Du meinst also, alle Besucher da oben könnten helfen? Ich glaube nicht, dass die das machen.
2. Kind:	Aber es ist ein guter Vorschlag. Und nicht nur die Besucher können helfen. Die Anne an der Orgel ist doch auch noch da. Wenn die in die Tasten der Orgel haut, wird das richtig toll! Können wir das machen?
Mitarbeiter/in:	Fragt nicht mich, da müsst ihr die Leute fragen.
Alle Hirten:	*(ohne Mikro, aber laut)* Anne, hilfst du uns?
Anne:	Aber klar!
1. Kind:	Leute, könnt ihr uns helfen?
2. Kind:	Ihr müsst auch nur singen.

(Falls die Besucher nicht richtig reagieren, muss der/die Mitarbeiter/in die Frage nochmals eindringlich wiederholen, bis sie reagieren.)

Mitarbeiter/in:	Es wäre gut, wenn alle dort oben vor dem Lied aufstehen, damit man alle sieht. Nach dem Lied der Engel dürft ihr euch wieder setzen. *(Warten, bis alle stehen.)* Der 1. Hirte sagt jetzt nochmals seinen letzten Text und dann ist die Engelschar dran. *(Alle begeben sich wieder auf ihren Platz.)*
1. Hirte:	Trotzdem finde ich es ungerecht. Lasst uns alles für die Nacht zurecht machen und die Schichten einteilen. Ich mach die erste Runde. Gute Nacht!

(Die Engel stehen auf, Anne spielt leise »Ehre sei Gott«.)

1. Engel:	Wacht auf, ihr Hirten. Jetzt ist nicht die Zeit zum Schlafen. Wir verkünden eine frohe Botschaft
2. Engel:	Gottes Sohn ist in dieser Nacht geboren, der Retter für die Welt.
3. Engel:	Er ist in einem Stall und liegt in einer Krippe. Dort sollt ihr suchen.
1. Engel:	Dann verkündet es der ganzen Welt. Denn:
Alle Engel:	.... freuen sollt ihr euch!
● *Lied:*	Ehre sei Gott
1. Hirte:	Habt ihr das gehört?
2. Hirte:	Ja, wir sollen uns auf den Weg machen und Gottes Sohn suchen.
3. Hirte:	Wir finden ihn in einem Stall in einer Futterkrippe, und wenn wir ihnen gefunden haben, sollen wir es allen Leuten erzählen.
4. Hirte:	Lasst uns unsere Bündel packen und die Schafe zusammentreiben. Dann geht´s los. Und passt auf, dass niemand verlorengeht.

● *Lied*

(Während des Liedes packen die Hirten alles zusammen und gehen mit den Schafen nach vorne.)

4. Hirte:	Seht, in dem Stall ist Licht. Ob wir hier richtig sind?
1. Hirte:	Lasst uns mal nachschauen. Guten Abend. Ist hier jemand?

Josef:	Wer ist da? Oh, seid ihr die Hirten, denen dieser Stall gehört? Uns wurden gesagt, dass der Stall über Nacht leer steht.
2. Hirte:	Macht euch keine Sorgen. Normalerweise wären wir auch gar nicht hier, aber uns ist etwas Komisches passiert. Und wir sollten zum Stall kommen. Aber sagt uns, bitte, ist hier ein Kind geboren?
Maria:	Woher wisst ihr das? Ja, unser Sohn Jesus ist heute geboren. Aber wie habt ihr davon erfahren?
3. Hirte:	Als wir uns zum Schlafen hinlegten, war der Himmel voller Licht und eine ganze Engelsschar ist uns erschienen. Die Engel haben gesagt, dass im Stall ein Kind geboren wurde und es Gottes Sohn sei. Allen Menschen sollen wir davon berichten.
Josef:	Nun, das passt auch irgendwie mit meinem Traum vor unserer Reise zusammen. Mir wurde im Traum gesagt, dass ich dich nicht verlassen darf, Maria. Irgendwie muss das mit unserem Kind zu tun haben.
Maria:	Kann das wirklich sein? Ich kann es kaum glauben, dass ausgerechnet dieses kleine Wesen soviel bewirken soll. Was Gott wohl mit ihm vorhat?
1. Hirte:	Das weiß nur er allein. Doch möchten wir eurem Sohn, bevor wir gehen noch etwas mitgeben. Ihr Hirten, lasst uns beten:
2. Hirte:	Guter Gott, wir sind arme kleine Hirten, ...
3. Hirte:	... doch du hast uns reich beschenkt. Du hast uns deinen Sohn gezeigt.
4. Hirte:	Die Engel haben uns gesagt, wo wir ihn finden.
1. Hirte:	Er ist in einem Stall in einer Futterkrippe, und er ist in Windeln gewickelt.
2. Hirte:	Du hast noch Großes mit ihm vor. Und wir werden es der ganzen Welt erzählen.
3. Hirte:	Beschütze Maria und Josef auf ihrer Reise und gib ihnen die Hilfe, die sie brauchen.

4. Hirte:	Sei bei ihnen, wann immer sie dich brauchen.
Hirten:	Amen.
Josef:	Ich danke euch, ihr guten Hirten. Möge Gott immer bei euch sein, wo immer ihr auch seid.
Maria:	Doch lasst uns jetzt gemeinsam ruhen, bevor der Tag anbricht.

● *Lied*

2. Kind:	Gott sei Dank, dass die Engel da waren.
Mitarbeiter/in:	Habt ihr es jetzt gemerkt?
1. Kind:	O.k., ohne die Engel hätten die Hirten nichts von der Geburt Jesu gewusst.
2. Kind:	Ohne die Engel hätten sich die Hirten nicht auf den Weg gemacht.
1. Kind:	Ohne die Engel hätten sie nicht mal gewusst, wo sie suchen sollen.
2. Kind:	Ohne die Engel hätten die Hirten all das nicht erlebt und die Geschichte nicht anderen Leuten erzählt. Also ist nicht immer die Länge der Rolle wichtig, sondern auch, was sie tun.
Mitarbeiter/in:	Ich finde, die Engel sollten auch mal runterkommen, damit alle sie sehen können. *(Die Engel kommen herunter.)*
2. Kind:	Aber es sind noch nicht alle Engel hier vorne!
Mitarbeiter/in:	Wieso, das waren doch nur die drei.
2. Kind:	Und was ist mit den Leuten, die oben mitgeholfen haben? Die das ganze Lied gesungen haben? Das sind doch auch Engel.
Mitarbeiter/in:	Die passen aber nicht auch noch alle hier vorne hin.
2. Kind:	Stimmt, aber danke kann man trotzdem sagen!
Alle Kinder:	Danke!

1. Kind:	Ich habe aber noch mehr Engel gesehen!
Augustus:	Jetzt geht's los! Erst haben wir keinen Engel und jetzt ganz viele, oder was?

(Wenn jetzt die einzelnen Personen genannt werden, kommen sie nach vorne und stellen sich dazu.)

Maria:	Ich glaube, ich weiß, was unsere Kinder meinen. Was ist denn mit dem Nachbarn von Josef? Der bewacht unser Haus und die Werkstatt von Josef.
Josef:	Da sind noch die Wirte, die uns den Stall gegeben haben. Und das kleine Mädchen, das uns hierher geführt hat.
Maria:	Davor gab's auch noch den Mann, der auf mich aufgepasst hat, als Josef ein Zimmer gesucht hat.
Mitarbeiter/in:	Jetzt wird es aber richtig eng hier vorne.
2. Kind:	Es gibt noch mehr!!!
Mitarbeiter/in:	Hilfe!
2. Kind:	Schaut doch mal! Alle Leute die heute in die Kirche gekommen sind. Die sind auch alle ein bisschen Engel.
Maria:	Du hast recht. Sie haben die ganze Zeit unserem Spiel zugeschaut und mitgesungen. Nach der Kirche erzählen sie die Geschichte weiter und verbreiten sie. Deshalb sind sie auch kleine Engel, Boten Gottes.
Engel:	Es ist gut, dass es so viele Engel gibt, dann haben wir nicht ganz so viel zu tun. Danke schön!
Mitarbeiter/in:	Besonders möchten wir ein paar Engeln aus der Gemeinde danken, die in der Vorbereitung geholfen haben ... *(persönliche Dankesworte anfügen)*

● *Lied* *(Dabei gehen alle auf ihre Plätze. Maria und Josef bleiben im Stall.)*

Fürbitten – Vaterunser

● *Lied:* O du fröhliche (DS 160; EG 44; LJ 45)

Segen

Wo berührt an Weihnachten der Himmel die Erde?

Kurt Rainer Klein

Vorbemerkungen

Zum Text
Wir nähern uns langsam aber bestimmt dem Heiligen Abend: Engel im Himmel schauen den Weihnachtsvorbereitungen auf Erden zu. Zeitungsredakteure bringen eine sensationelle Weihnachtsnachricht heraus. Eine Familie diskutiert über Weihnachtsbräuche unterm Weihnachtsbaum. Maria und Josef begrüßen Gäste im Stall von Bethlehem. Wir spüren, wo Himmel und Erde sich an Weihnachten berühren.

Zur Aufführung
An vier verschiedenen Orten – im Himmel, in einer Zeitungsredaktion, im Wohnzimmer, in der Kirche – spielt dieses Spiel. Ein gemalter Karton mit einem Symbol (Wolke für Himmel, Zeitungsschlagzeile für Redaktion, Geschenke für Wohnzimmer, Kirchturm für Kirche) kann den jeweiligen Ort definieren.

Personen

Zwei Engel	Bote	Kind
Vorleser/in	Vater	Maria
Briefschreiber/in	Mutter	Josef
zwei Redakteure		

Requisiten

Schriftrolle	Zettel	Krippe
Brief	Weihnachtsbaum	Strohballen
Stühle	Lametta	Zeitungsausgabe
Redaktionstisch	Kerzen	

1. Szene: Zwei Engel im Himmel *(noch eine Woche bis Weihnachten)*

1. Engel: Wie schnell ein Jahr vergeht! War es nicht erst gestern, dass ...

2. Engel: ... das war erst gestern. Zwölf Monate sind wirklich keine Zeit.

1. Engel: Und wenn die Zeit schon rennt, wie rennen erst die Menschen, wenn die Zeit dann da ist.

2. Engel: Schau nur, wie bewegt diese Zeit ist. Es scheint niemand so recht die Ruhe zu finden.

Wo berührt an Weihnachten der Himmel die Erde?

1. Engel:	Das ist auch kein Wunder, wenn alles in diese Zeit fällt, die so sensibel und verletzlich ist.
2. Engel:	Aber es gibt doch auch sehr schöne Momente in dieser Zeit.
1. Engel:	Schau mal dort drüben. Da liest jemand seinem Kind die Weihnachtsgeschichte vor.

Vorleser/in:
Da ordnete der römische Kaiser Augustus eine Volkszählung an. Und jeder musste in seine Stadt ziehen, wo er herstammte. So machten sich Josef und Maria aus Nazareth in Galiläa auf und reisten nach Bethlehem in die Stadt Davids. Denn Josef stammte aus dem Geschlecht Davids. Weil Maria schwanger war, sie aber keine Unterkunft in einer Herberge fanden, kam ihr Kind in einem Stall zur Welt. Und sie wickelten es in Windeln und legten es in eine Futterkrippe auf Stroh. Und der Name des Kindes war JESUS.

2. Engel:	Es läuft mir immer wieder heiß und kalt den Rücken herunter, wenn ich diese Geschichte höre.
1. Engel:	Sie ist über 2000 Jahre alt und hat ihren Zauber und Charme bis heute behalten.
2. Engel:	Alle Jahre wieder schenkt sie mir den Glauben und gibt mir die Hoffnung.
1. Engel:	Es ist unbeschreiblich, wie diese Geschichte Menschen in ihren Bann zieht.
2. Engel:	Was hat diese Geschichte alles angestoßen und bewirkt. Manchmal sogar wahre Wunder.
1. Engel:	Zweifler fanden Gewissheit. Gekränkte wurden heil. Zerstrittene haben sich versöhnt.
2. Engel:	Und dort schreibt ein Kind einen Brief an das Christkind.

Briefschreiber/in: *(In kindlicher Weise formuliert ...)*
   Liebes Christkind,
bald ist Weihnachten und ich freue mich ganz arg. An Heiligabend will ich mit Mama und Papa alle Geschenke auspacken und Weihnachtslieder unterm »brennenden« Weihnachtsbaum singen. Vorher gehen wir noch in die Kirche, weil wir da das Christkind in der Krippe sehen und die Hirten und Weisen kommen auch.

Eine Bitte habe ich noch an dich, liebes Christkind: Schenke doch auch den armen Kindern etwas zu Weihnachten, dass sie nicht so traurig sind und sich freuen können wie ich.

Deine Klara!

1. Engel:	Ist das nicht schön, wie diese Zeit bei vielen Menschen die Herzen öffnet?!
2. Engel:	Es ist unglaublich. Der Himmel rührt die Menschen an und weckt weihnachtliche Gefühle in ihnen.
1. Engel:	Auf einmal haben die Menschen wieder Augen füreinander und sehen Dinge, die ...
2. Engel:	... die sie sonst nicht einmal ahnen. Was ist das für eine wunderbare Zeit?!
1. Engel:	Trotz allem Rennen und Hetzen gibt es doch auch wunderbare Momente.
2. Engel:	Du sagst es. Es ist eine himmlische Zeit, die berührt und verzaubern kann.
1. Engel:	Alle Jahre wieder sind die Menschen wie verwandelt.

2. Szene: Zwei Redakteure in einer Zeitungsredaktion
(noch ein Tag bis Weihnachten)

1. Redakteur:	Weihnachten kommt wieder schneller als wir gedacht haben.
2. Redakteur:	Ist das nicht jedes Jahr so? Dabei steht der Termin doch schon ein Jahr im Voraus fest.
1. Redakteur:	Du hast recht. Aber mir scheint, Weihnachten kommt immer wie eine Überraschung daher.
2. Redakteur:	Wie sieht es mit unserer Zeitungsausgabe für morgen aus? Was haben wir auf dem Tisch?
1. Redakteur:	Ach doch wieder nur das Übliche: Stellenabbau, Korruption, Mord und Totschlag, Blitzeis.

2. Redakteur:	Das klingt nicht sehr weihnachtlich! Haben wir nicht auch eine schöne Nachricht?
1. Redakteur:	Was wäre denn eine schöne Nachricht für unsere morgige Weihnachtsausgabe?
2. Redakteur:	Eine, die etwas mit Weihnachten zu tun hätte oder mit der Weihnachtsgeschichte selbst!
Bote:	*(betritt die Redaktion, gibt dem 2. Redakteur einen Zettel.)* Da ist eine Eilmeldung von dpa gekommen. Das sollt ihr unbedingt noch abdrucken morgen. *(Der 2. Redakteur nimmt den Zettel und liest gespannt!)*
1. Redakteur:	Worum geht es? *(Der 2. Redakteur schweigt.)* Das scheint ja was Aufregendes zu sein!
2. Redakteur:	Stell dir vor, in Nazareth hat man unterirdische Reste eines Hauses gefunden, in dem Jesus gelebt haben soll.
1. Redakteur:	Was sagt das schon aus? Es kann ja auch ...
2. Redakteur:	Man hat eine Steintafel gefunden, auf der die Namen Josef, Maria und Jesus zu lesen sind.
1. Redakteur:	Das ist ja sensationell! Dann ist er also keine Erfindung, sondern hat wirklich gelebt!
2. Redakteur:	Das müssen wir unbedingt in unserer Weihnachtsausgabe veröffentlichen.
1. Redakteur:	Auf der ersten Seite natürlich! Mit der Überschrift: »Jesus von Nazareth gefunden!«
2. Redakteur:	Und dem Untertitel: »Jesus – gefunden unter Schutt und Asche, zwischen Müll und Dreck – nach 2000 Jahren.«
1. Redakteur:	Das weckt Aufmerksamkeit. Da geht der Stern von Bethlehem noch einmal auf.
2. Redakteur:	Ich glaube, jetzt kann es Weihnachten werden!

3. Szene: Vater, Mutter, Kind im Wohnzimmer
(noch drei Stunden bis Weihnachten)

Mutter: Der Weihnachtsbaum muss noch geschmückt werden.

Vater: Ich habe ihn im Wald geschlagen und eingemacht und ins Wohnzimmer gestellt.

Kind: Muss denn immer dieses langweilige Lametta an dem Weihnachtsbaum hängen?

Vater: Wisst ihr schon, was ich heute gehört habe?

Mutter und Kind: Nööööö ...

Vater: Familie Eigen feiert gar kein Weihnachten. Da gibt es keinen Baum und keine Geschenke.

Kind: An was will Familie Eigen sich dann noch erfreuen?

Mutter: So ein leeres Fest kann ich mir überhaupt nicht vorstellen.

Kind: Ohne Weihnachtsbaum und ohne Geschenke ist das auch kein Weihnachten!

Vater: Mir scheint, das kommt immer mehr in Mode in unserer Gesellschaft.

Mutter: Kann man denn dagegen nichts tun?

Kind: Weihnachten ist doch echt crazy! Der absolute Höhepunkt des Jahres. Ein megageiles Event!

Vater: *(zum Kind)* He drück dich mal ein bisschen gepflegter aus!

Mutter: Ist das nicht schön, wenn die Kerzen am Weihnachtsbaum brennen und wir unsere Geschenke austauschen?!

Kind: Aber bitte ohne Lametta am Weihnachtsbaum in diesem Jahr.

Vater: Nun ja, was wäre Weihnachten ohne die Weihnachtsgeschichte von damals?!

Mutter:	*(verträumt)* Maria bringt im Stall zu Bethlehem ein gesundes Kind zur Welt.
Vater:	Und alle Welt kommt zu sehen, was da geschehen ist unter dem Stern von Bethlehem.
Kind:	Das war schon damals ein megageiles Event – das erste Weihnachten im Stall.
Mutter:	Gottes Sohn ist Mensch geworden. Unvorstellbar, unglaublich!
Vater:	Als Sohn unbedeutender Eltern, armer Leute. Und das in einem Provinznest.
Kind:	Und dieser Stall stand unter dem Spotlight eines Sterns? Coooooool!
Mutter:	Ich muss mir jedes Jahr aufs Neue das Krippenspiel in der Kirche ansehen.
Vater:	Glaub mir, ich bekomme dann immer eine Gänsehaut.
Kind:	Ach, deswegen gibt es an Weihnachten keine Gans bei uns.
Mutter:	Es wird Zeit, dass wir noch etwas tun, sonst verpassen wir Weihnachten/den Gottesdienst.
Vater:	Ich helfe dir beim Schmücken unseres Weihnachtsbaumes.
Kind:	Ich hole die Lichterkette und die Glaskugeln vom Speicher.

4. Szene: Im Gottesdienst beim Krippenspiel
(noch ein Herzschlag bis Weihnachten)

(Maria und Josef sitzen auf Strohballen, vor ihnen liegt das Kind in der Krippe.)

Maria:	Alle sind heute Nacht gekommen, um unser Kind zu sehen.
Josef:	Ja, so ist es. – Ist das nicht verwunderlich?!
Maria:	Und manche kommen zum Teil von weit her.
Josef:	Wie wir haben sie den Weg nach Bethlehem nicht gescheut.

Maria:	Ihre Suche nach Frieden und Zuversicht kommt hier ans Ziel.
Josef:	Schau nur, wie sie gebannt schauen und staunen.
Maria:	Was haben sie unserem Kind nicht alles mitgebracht!
Josef:	Ihre Fragen und Zweifel, ihre Freuden und Sorgen.
Maria:	Aber auch ihre Zuneigung und Anbetung.
Josef:	Sie bringen das Menschliche und suchen das Göttliche.
Maria:	Da, sieh nur, wer tritt hier an die Krippe?
Josef:	Und bringen dem Kind ...

(Die beiden Zeitungsredakteure treten an die Krippe.)

1. Redakteur:	Wir sind Zeitungsredakteure.
2. Redakteur:	Und bringen dir die Weihnachtsausgabe unserer Zeitung.
1. Redakteur:	Wir wünschen uns, ...
2. Redakteur:	... dass zukünftig noch viel über dich darin zu lesen sein wird.

(Die beiden Zeitungsredakteure legen ihre Zeitung in die Krippe und nehmen vor der Krippe Platz.)

Josef:	Da kommen noch andere zu uns.
Maria:	Eine Familie! *(Vater, Mutter und Kind treten vor die Krippe.)*
Kind:	Das ist also der Grund, warum wir jedes Jahr Weihnachten feiern!
Vater:	Wir freuen uns, ...
Mutter:	... dass du Gottes Geschenk an uns Menschen bist.
Vater:	Wir danken dir, ...
Mutter:	... dass du uns mit Weihnachten eine große Chance geschenkt hast.

Das Weihnachtslicht
Inken Weiand

Vorbemerkungen

Zum Text
Willibald ist ein müder Engel. Er verschläft die »himmlische Großaktion« der Engel, das Weihnachtslicht zu den Menschen zu bringen. Doch der Oberengel hat einen Spezialauftrag für Willibald.
Auf der Erde trifft er zunächst auf wenig Interesse an seinem Weihnachtslicht oder er wird gründlich missverstanden. Unerwartet findet er dann doch noch Abnehmer. Ausgerechnet zwei Obdachlose zeigen Mitleid mit Willibald, dem auf einer Parkbank gestrandeten Engel.
Das Stück karikiert unsere gesellschaftliche Situation an Weihnachten natürlich. Gerade dadurch bietet es aber Anstöße für eine weitere Vertiefung, z. B. in einer Predigt.

Zur Aufführung
Die kurzen Szenen sollten an wechselnden Spielorten dargeboten werden. Sie müssen mit einigen Requisiten ausgestattet werden, die im Text angegeben sind. Nur die Engel und die Obdachlosen brauchen eine besondere Bekleidung.

Personen

Oberengel	Herr Sorgenvoll	Frau Hektisch
Engel Willibald	Frau Sorgenvoll	Herr Hektisch
Herr Steinreich	Kind 1 Sorgenvoll	Obdachlose Greta
Frau Steinreich	Kind 2 Sorgenvoll	Obdachloser Bert
Tochter Steinreich		

1. Szene: Im Himmel
(Der Oberengel sinkt erschöpft auf einen Stuhl.)

Oberengel: Endlich Ruhe. Endlich sind alle Engel unterwegs, um das Weihnachtslicht zu den Menschen zu bringen. Was das immer für ein Stress ist! Die ganze Organisation!
Der eine hat seine Trinkflasche nicht bereit, der Nächste hat seinen Rucksack vergessen, der Dritte muss noch einmal aufs Klo! Aber jetzt ist ja Ruhe. Jetzt trinke ich erst einmal einen Kaffee, dann mache ich mich ans Aufräumen.
(Schnarchen aus dem Hintergrund.)
Huch! *(Sieht sich um.)* Komisch, da war doch was!
(Sieht sich wieder um.) Ich kann nichts entdecken.

Willibald: Uah! *(Er gähnt und streckt sich.)*

Oberengel:	*(zuckt zusammen)* Was ist denn da? *(Der Engel Willibald setzt sich auf. Der Oberengel strafft sich und spricht zu ihm im Oberlehrer-Ton.)* Was machst du denn noch hier?
Willibald:	Och, ich sitze hier. Ich habe ein wenig geschlafen.
Oberengel:	*(entrüstet)* Geschlafen?
Willibald:	*(entschuldigt sich)* Ich war halt müde.
Oberengel:	Müde! Was fällt dir ein? Sofort ziehst du los!
Willibald:	Keine Lust. Und außerdem: Wohin eigentlich?
Oberengel:	Keine Lust, keine Lust! Als ob ich immer Lust hätte. *(Er schweigt, dann murmelt er für sich:)* Aber er hat recht. Wohin schicke ich ihn jetzt noch? Was mache ich bloß mit ihm?
Willibald:	Ich kann auch hierbleiben. Ein bisschen fernsehen oder Gameboy spielen …
Oberengel:	*(murmelt)* Irgendetwas Didaktisches müsste es sein. Nutzen tut er jetzt ohnehin nicht mehr. Irgendetwas … *(laut)* Ich hab's!
Willibald:	*(neugierig)* Was?
Oberengel:	Ich habe eine Aufgabe für dich! Auch du wirst Menschen das Weihnachtslicht bringen. Aber nicht heimlich, in der Nacht – dafür ist es jetzt ohnehin zu spät. Nein, du gehst am Tag. Und damit man dich nicht erkennt …
Willibald:	Was?
Oberengel:	Damit man dich nicht erkennt, verkleiden wir dich! *(Er lacht. Beide gehen ab.)*

● Gemeindelied

(Willibald kommt mit Jacke und Mütze bekleidet und hält eine Kerze in der Hand.)
Willibald: Weihnachtslicht, Weihnachtslicht! So ein Blödsinn! Und dann noch in dieser unmöglichen Verkleidung! Diese Erwachsenen denken sich ständig neues Zeug aus, um einen zu ärgern! Am

Das Weihnachtslicht

Besten sehe ich, dass ich das Ding möglichst schnell loswerde!
(Er sieht sich um.)
Da vorne sehe ich doch einen Weihnachtsbaum durch das Fenster blinken. Da herrscht bestimmt Weihnachtsstimmung. Da bringe ich das Licht hin, und dann nichts wie nach Hause!

2. Szene: Das Weihnachtsfest der Familie Steinreich

(Herr Steinreich lehnt auf dem Sessel/Stuhl, die Fernbedienung in der Hand. Frau Steinreich probiert vor dem Spiegel ihre neue Kette. Die Tochter hockt zwischen einem Haufen Geschenke und nimmt lustlos eines nach dem anderen zur Hand.)

Herr Steinreich: Ist noch von der Pastete da?

Tochter: Ich will keine Pastete.

Frau Steinreich: Immer hast du was zu meckern. Übrigens passt die Kette nicht so ganz zu meinen Armbändern. *(Tadelnd zu ihrem Mann.)* Du hättest mir noch ein Armband dazuholen können!

Herr Steinreich: *(schulterzuckend)* Hab ich nicht dran gedacht. Hast du übrigens gesehen, was meine Mutter der Kleinen geschenkt hat?

Frau Steinreich: *(pikiert)* Einen stinknormalen Plüschbären. Ohne Knopf, ohne alles im Ohr. Die Frau wird nie Stil entwickeln.

Tochter: Ich will keinen Plüschbären. Plüschbären sind doof.
(Sie hebt ein weiteres Päckchen hoch.)
Will keine Spielekonsole. Ich hab schon zwei Spielkonsolen.
(Willibald erscheint an der Seite, reckt sich, um alles mitzubekommen.)

Herr Steinreich: Was willst du denn?

Tochter: Ich will so eine Puppe, die alles kann, reden und pinkeln und meine Matheaufgaben lösen und tanzen.

Herr Steinreich: *(Er holt Geldbeutel hervor. Gibt seiner Frau die Kreditkarte.)*
Hier, hol ihr das Zeug.

Willibald: *(begeistert)* Der macht seiner Tochter eine Freude. Der freut sich bestimmt über das Weihnachtslicht! *(Er klopft an.)*

Frau Steinreich: Was war das?

Herr Steinreich:	Es hat geklopft.
Frau Steinreich:	Wer kann das schon sein?
Tochter:	Und dann noch um die Uhrzeit!
Herr Steinreich:	Mach schon auf.
Frau Steinreich:	*(Sie öffnet die Tür. Willibald steht im Anorak gekleidet dort und hält eine Kerze in der Hand.)* Anton! Komm her! Ein Bettler!

(Herr Steinreich und die Tochter eilen herbei, starren Willibald an.)

Willibald:	Also, ich wollte das Weihnachtslicht bringen …
Herr Steinreich:	Wir geben nichts an der Tür.
Frau Steinreich:	Da könnte ja jeder kommen!
Tochter:	*(Sie streckt Willibald die Zunge heraus.)* Bähh!
Willibald:	*(unschlüssig)* Aber …
Herr Steinreich:	Wenn du nicht sofort abhaust, rufe ich die Polizei! Das ist Hausfriedensbruch und nächtliche Ruhestörung in einem! *(Willibald geht weiter.)*

● Gemeindelied

Willibald:	Ich werde es noch mal versuchen. Da vorne, da leuchtet auch ein Tannenbaum. Da gehe ich hin.

3. Szene: Familie Sorgenvoll unterm Weihnachtsbaum
(Die Kinder sitzen da und spielen mit je einem Geschenk.)

Mutter:	Ich weiß nicht, wie ich die Kinder bis Anfang Januar satt bekommen soll. Sie essen immer so viel.
Vater:	Eine Arbeitsstelle habe ich auch mal wieder nicht. Die Tüchtigen wollen sie nicht. Sie nehmen lieber einfach die Jungen.
Mutter:	Die Heizkosten sind auch schon wieder gestiegen.

Das Weihnachtslicht **155**

Vater:	Ich weiß nicht, woher ich das Porto für die Bewerbungsschreiben nehmen soll.
Mutter:	Wahrscheinlich gibt es bis zum Monatsende nur Nudeln.
Kind 1:	Ist doch lecker! Ich mag am liebsten Nudeln.
Mutter:	*(seufzt)* Aber besonders gesund sind sie nicht. *(Es klopft.)*
Vater:	Wer mag das denn sein?
Mutter:	Soll ich lieber nicht aufmachen? Vielleicht ist das die GEZ, die die Gebühren erhöhen will.
Vater:	Oder der Vermieter, der die Nebenkosten heraufsetzen will.
Kind 2:	Oder die Lehrerin, die sich über mich beschweren will.
Eltern:	*(zusammen)* Wie bitte? *(Inzwischen hat Kind 1 geöffnet. Willibald tritt ein.)*
Willibald:	Frohe Weihnachten!
Mutter:	Frohe Weihnachten?
Vater:	Wieso froh?
Mutter:	Weihnachten ist nicht froh!
Vater:	Weihnachten ist genauso sorgenvoll wie jeder andere Tag.
Kind 2:	Ist die Kerze dein Weihnachtsgeschenk?
Willibald:	Ja, also, äh …
Vater:	Ich möchte Sie bitten, wieder zu gehen. Sie können uns die Gebührenerhöhung auch nach Weihnachten noch mitteilen.
Mutter:	Oder noch besser erst im Januar. *(Willibald geht.)*

● Gemeindelied

Willibald:	Einmal versuche ich es noch. Wenn das jetzt nicht klappt ... Ach, da vorne! Da ist noch ein leuchtender Weihnachtsbaum! Da gehe ich hin!

4. Szene: Ehepaar Hektisch bei den Reisevorbereitungen
(Der Tannenbaum leuchtet. Man sieht geöffnete Koffer, Skier.)

Herr Hektisch:	Wo ist das Wachs?
Frau Hektisch:	Ich hoffe, schon im Koffer. Hast du den Hirschtalg?
Herr Hektisch:	Wieso? Hast du ihn denn gekauft?
Frau Hektisch:	Ich? Du wolltest ihn kaufen! *(Es klopft.)*
Herr Hektisch:	Was war das?
Frau Hektisch:	Es hat geklopft.
Herr Hektisch:	Das werden die Nachbarn sein. Die wollen den Haustürschlüssel abholen.
Frau Hektisch:	Dann mach auf!
Herr Hektisch:	Wieso ich? Ich muss Koffer packen!
Frau Hektisch:	Und ich vielleicht nicht? *(Herr Hektisch öffnet.)*
Willibald:	Also, Entschuldigung ...
Herr Hektisch:	*(ruft zu seiner Frau)* Das sind nicht die Nachbarn!
Frau Hektisch:	Wer denn?
Herr Hektisch:	Weiß ich nicht! *(leise zu Willibald)* Wer sind Sie?
Willibald:	Also, mein Name ist Willibald, und ich wollte ...
Herr Hektisch:	Er heißt Willibald!
Frau Hektisch:	Kenn ich nicht!

Das Weihnachtslicht **157**

Willibald:	Also, ich wollte Ihnen das Weihnachtslicht …
Herr Hektisch:	Das Weihnachtslicht? Gut, dass Sie mich daran erinnern. Ich muss noch die Lichterkette löschen! *(Er schlägt die Tür zu.)*

● Gemeindelied

5. Szene: Willibald auf der Straße
(Willibald geht traurig die Straße entlang.)

Willibald:	So etwas Blödes! Mein Weihnachtslicht werde ich so wohl nicht los! Ich glaube, hier hat überhaupt keiner Weihnachten im Herzen! *(Er seufzt.)* Wahrscheinlich werde ich den Rest des Jahres mit diesem Weihnachtslicht herumlaufen müssen. Und dabei tun mir die Füße weh. Und ich bin so müde! *(Er setzt sich auf eine Bank, lehnt den Kopf zurück und schläft ein. Zwei Obdachlose kommen von verschiedenen Seiten, Greta und Bert. Beide sind in weite Jacken gekleidet, Flaschen schauen aus der Jackentasche. Sie tragen Alditüten mit irgendwelchem Kram in der Hand.)*
Greta:	Hi, Bert! Frohe Weihnachten!
Bert:	Jo, jo, dir auch! *(Sie setzen sich neben Willibald auf die Bank.)* Ist ja noch Platz frei.
Greta:	Die meisten feiern Weihnachten auch zu Hause, nicht auf der Parkbank.
Bert:	Ich war im Bahnhof.
Greta:	Und ich bei der Diakonie. *(Sie holt eine Thermoskanne aus der Alditüte hervor.)* Guck mal!
Bert:	*(schnuppert)* Oh, heißer Kaffee. *(Greta gießt ihm ein, Bert schlürft den Kaffee. Dann sieht er sich um.)* Richtig gemütlich geradezu. *(Er schaut auf Willibald.)* Was ist mit dem da?
Greta:	Keine Ahnung. Vielleicht betrunken.
Bert:	Oder tot.

Greta:	*(erschrocken)* Boah! Meinst du?
Bert:	*(nickt)* Bestimmt.
Greta:	Wie traurig! Ausgerechnet an Weihnachten!

(Willibald bewegt sich etwas. Schlägt die Augen auf, lässt beinahe die Kerze fallen. – Greta und Bert springen ein paar Schritte zurück.)

Bert:	Boah, der ist doch nicht tot.
Greta:	Genau, Tote können sich nicht bewegen!
Willibald:	*(murmelt)* Mir ist kalt, und ich bin so müde!
Greta:	Willst du eine Tasse Kaffee?
Bert:	Die macht wach. Und warm.

(Greta gießt Willibald auch eine Tasse ein. Alle drei wärmen die Hände an den Tassen. Willibald lächelt plötzlich.)

Willibald:	Darf ich euch das Weihnachtslicht bringen?
Bert:	Das Weihnachtslicht?
Greta:	Na klar! Immer her damit!
Willibald:	*(Er gibt Bert das Licht.)* Frohe Weihnachten.
Bert und Greta:	Frohe Weihnachten!

● Gemeindelied

159

Verzeichnis der Lieder

Auf, wir geh'n nach Bethlehem	64
Augustus, Cyrenius, die römischen Herren*	19
Aus Davids Haus	55
Bethlehem	52
Die Kerze brennt, ein kleines Licht*	92
Der Wirt	53
Elias, komm mit!	9
Erleuchte und bewege uns*	99
Freut euch!	49
Fürchtet euch nicht!	59
Heller Stern, geh voran!	61
Himmelslicht	57
Hört und seht!	12
Im Stall zu Bethlehem	10
In einem Stall	62
Komm, Jesus, komm, die Herzen berühren	130
Solange das kleine Kind in der Krippe liegt	46
Weihnachten fällt aus	43
Wenn die Dunkelheit zerbricht	92

* Diese Lieder sind nicht auf der CD-ROM eingespielt.